西川公平

事例にまなぶ
認知行動療法

子ども×学校の困りごとが
解決に向かうマインドセット

金剛出版

はじめに

　私は特に児童思春期・青年期の専門家ではなく，強いて言えば認知行動療法の専門家だ。しかしカウンセリングというものは，子どもや若者を見る機会が多い。子どもや若者には皆が期待をしており，いろいろな社会資源があり，複雑に絡み合う家族の影響を受ける。精神科を受診しても，向精神薬の効果が限定的で使える薬も少ない。そんなわけで，医療や教育や司法の現場などでも「カウンセラーさん，お願いします」となりやすい風潮がある。

　またそれに加えて私自身，何年間かスクールカウンセリングや巡回相談員をしていた経験もあるため，児童思春期・青年期の困りごとに触れる機会には事欠かなかった。

　そんな折に，ちょっとしたご縁からこの書籍を出版することとなった。元々の企画では「認知行動療法のアウトリーチ」としてまとめる予定だったが，締切の年月も文字数も大幅に超過し，また読む客層も違うだろうことから本書のような形になった。

　認知行動療法は良い意味でも悪い意味でも具体的に形而下で物事をすすめる治療法なので，本書もできるだけ具体的に書いたつもりだ。認知行動療法界隈では"scientific practitioner model（科学者－実践家モデル）"あるいは"practitioner-scholar model（実践者－学者モデル）"という題目がもてはやされている。心理学（Psychology）のなかにも Psycho（心）と Logic（理屈）が入っている。この2つは永遠に交わらないが，そのような矛盾を抱えたままで心理は生きている。本書も第1章から第4章にかけて，理屈ベースから心ベースへと展開されているのは，そういった理由である。本書全体にしっかりした一貫性・整合性があるわけではないが，それも理屈と心が解離しながらまとまっている psychology の表れである。第1章や第2章に書かれたことを心の片隅に置きながら，第3章のような臨床をしている整合性のとれない存在が心理職なのだ。

　第1章と第2章は，前提となる認知行動療法の概要や，子どもの心の困りごとの統計について書いた。楽しい文章ではないので読み飛ばしても構わない。時間があれば読んでもらえればありがたい。私個人にとって集団を相手に仕事

をする際に，その集団の疫学統計を踏まえた上で事に臨むのが大事でもあり，楽しいことでもあるので，心構えとして書いた。

　第2章は，統計から見るスクールカウンセリングについても書いた。スクールカウンセリングは長い年月，膨大な予算を割いている割に，そんなに確からしいデータが見つからないので，苦労しながらまとめてみた。

　第3章の前半は，学校組織におけるスクールカウンセリングの立場やポジションについて書いた。これは私の個人的な感想や方法であり，令和の世の中に合っているわけでも，万人受けするわけでもない。しかし，どの職業であれ，職場に自分の立ち位置を築いていくのは大事だ。自分の立ち位置を築けないセラピストが，クライアントの世界における立ち位置を整えることなどできないからだ。まずスクールカウンセラー自身が，学校，ひいては世の中でうまくふるまえるように立ち位置を調整すべきで，それができて初めて職業人と言える。

　スクールカウンセラーとして学校に入って，学校からスクールカウンセラーはどのようにみなされているかについても，忌憚なく書いた。そのように当時感じていたことを裏付けるように，さまざまなデータについても述べている。いずれにせよ認知行動療法の流儀でデータに基づくよう記述している。この章は，私が感じていることや意見と統計上のデータを結びつけて，私見を述べている章である。

　私が本書でデータを用いて述べたことに，「違う」と感じたのであれば，ぜひそれを上回るより確かなデータで反論してほしい。そういったディスカッションによって科学は進歩していくものだから。

　第3章の後半は，私が運営するCBTセンターにおける不登校のアウトカムを示した。認知行動療法を用いると，どの程度教室復帰可能なのか，一施設のコホート研究である。不登校のアウトカムについて示すデータはあまりないので，参考になれば幸いである。病名や投薬，使用される技法などについて複数人の認知行動療法に基づくセラピストの総合的なデータも書かれている。だいたいの目安として，どの程度の期間，どの程度の回数必要なのかという参考になるだろう。

　第4章は，症例と症例検討を説明する章で，ここが一番読みやすく楽しいはずだ。認知行動療法の論文や本は，ともすればデータの羅列になりがちで，セラピーにおける生き生きとしたやり取りが見えてこない。この本では，認知行

動療法の臨床場面が伝わるように，なるべく言葉のやり取りを意識して書いた。ただし全ての事例の個人情報は削るか改変してあることに留意してほしい。この章で伝えたかったことは「認知行動療法を用いて，それぞれのクライアントに合わせて，自由に認知行動療法の側を再構築すればよい」ということだ。

　認知行動療法は「ガチガチで融通が利かない」とよく誤解される。しかしセラピーにおける自由度や融通はセラピスト個人に属するもので，技法に属してはいない。ガチガチにブリーフセラピーする人もいれば，ゆるゆるに認知行動療法する人もいる。世間では自由の利かない認知行動療法観がはびこって，薄ら寒い時代になってきているように思うから，ささやかな私のアンチテーゼでもある。

　第4章で伝えたい大切なメッセージのひとつに「臨床の楽しさ」がある。本書を書くにあたってスクールカウンセラー時代のいろいろなことを思い出したが，とても楽しい臨床現場であった。子どもは若くて柔軟であり，教師は協力的で，両親も若い。社会資源も豊富にある。ほとんど全ての困りごとは，適切な関わりが早ければ早いほど，スピーディに解決する。スクールカウンセリングはアウトリーチであるので，精神科の病院で見るような解決がとても困難な事例はほぼない。したがって若い臨床家が旧態依然としたルールに邪魔されず実力を試す場としてはちょうど良いのかもしれない。

　認知行動療法の使用対象には，狭義と広義の2つがある。狭義の「認知行動療法を利用する」とは，使えそうな“個人”にそれを適用するということだ。そのことは第3章に書かれている。しかし第2章にあるような，もっと広義の“場”にそれを適用するのも，私にとっては同じく認知行動療法だ。すなわち臨床上で必要なさまざまな全ての戦略・判断・決定も，認知行動療法の流儀で，データに基づいて具体的に行っていくのだ。スクールカウンセリングでも，現場にあるデータや資源を利用する必要がある。

　認知行動療法はいろいろなバランスを取る心理介入であるが，とりわけ「データを用いて心を調律する」ような視点で臨むことが望ましい。本書を研究の視点，臨床の視点，両方の視点から書くことにしたのは，そのような理由からだ。

　ただ，最近私が感じているのは「心理的介入でクライアントの状態像を改善していくぞ！」という発想自体が，もはや時代遅れのマッチョな世界観になりつつあることだ。令和のセラピストは皆感じが良い。クライアントへの接遇も

柔らかで，礼節をわきまえつつ適度な距離を取っていていい感じだ。医師はそれなりに診断し，それなりの薬を出している。「十分に適切な薬を出し，適切に話を聞いてます。それなりのところに紹介もします。それでうまくいかないなら，それはそれで仕方がない」という good enough（ほどほどに）の考え方がますます主流になってきている。

　悪くすればスクールカウンセラーは「生徒や先生とおしゃべりして『発達上の問題を抱えている可能性がある』とか『医療受診を勧めた方が良い』とかいろいろな豆知識を披露していれば，生徒は自然と卒業していくし，なんら責任を取る必要のない，時給の良いアルバイト」になってしまいがちで，公認心理師時代になってますますその流れは加速している。極端なことを言えば，カウンセリングの時間を，それっぽい話題で時間稼ぎしてやりすごしていても，大きな問題は発生しない。スクールカウンセリングでずっと雑談していても，生徒は卒業していく。「カウンセリング中は，少しほっとした様子で，ときどき笑顔を見せていました」と学校に報告すれば，責任を問われる仕事ではない。しかし本書はあくまで，本人や周囲や教師や学校が，より良く変化していくための"マインドセット"を伝えるために執筆されている。

　昭和生まれの私はこれまで「良くする・良くなる」の世界線でセラピーをしてきた。これは to be or not to be，「クライアントが寛解するか，私が死ぬか，どちらか」の世界線である。根拠もなく「しばらくこのままで様子を見ましょう」とは言わない。おっさんの発想だが若者の青春時代は短いものだから，なるべくクライアントが若いうちにハッピーな生活に戻してあげたい。この昭和生まれの作者の本の内容は，現代の子どもや学校に関わるスクールカウンセラーの考え方からは，思想や介入も時代遅れ，いわば老害の戯言かもしれない。そのことを前もって十分に認識しながら読んでほしい。

　私がスクールカウンセラーだったのは公認心理師制度ができるはるか前だった。ただ，「へー！　そんな時代もあったんだ」と，次代を担う若者たちが他山の石として，面白がってくれればそれでいいかと思う。

　本書の事例のなかには，スクールカウンセラーや巡回相談員として学校のなかに入って児童生徒や教師と関わったケースもあれば，私設カウンセリングルームから児童生徒や家族，そして学校に関わったケースもある。したがって，いろいろな立場からの人の参考になるのではないかと思う。

事例にまなぶ認知行動療法

子ども×学校の困りごとが解決に向かうマインドセット

［目次］

はじめに **3**

第1章　認知行動療法の基本的な考え方　13
その歴史と理念

認知行動療法の歴史と現状　**13**

Topic
　トートロジーを避ける　**24**
　医療受診──事実に基づいて冷静な判断を　**26**

第2章　データで読み解くスクールカウンセリング　29
統計分析

統計に見るスクールカウンセリングの現状　**29**
教職員のメンタルヘルス　**39**

Topic
　教育統計の粉飾　**31**
　不登校は問題か？　**35**
　教員のメンタルヘルスをどのように解消するか？　**42**
　スクールカウンセラーの予算　**43**

第3章　スクールカウンセラーを定義する　45
学校でのポジション・介入のアウトカム

介入のコストパフォーマンス　**46**
生徒は自分から相談に来ない　**47**
学校でのポジションの築き方　**48**
立場を作る／立場を壊す──架空問答から　**49**
小学校に出向する　**53**

学校そのものをアセスメントして見立てる　**55**

医療機関もアセスメントする　**57**

スクールカウンセリングシステムの構築　**59**

クライアントをリクルートする　**60**

対応策を決定する　**63**

アウトカム評価　**67**

生徒の自死とその対応　**69**

Topic
子どもへの薬物療法　**67**

第4章　認知行動療法の事例検討会　79
5つのケースとディスカッション

事例Ⓐ 特定の話しかしない子　**81**

事例Ⓑ お腹が痛くて学校を休みがちな子　**93**

事例Ⓒ 自閉スペクトラム症（ASD）でパニックを起こす子　**107**

事例Ⓓ（前編）動くことがままならない子　**127**

事例Ⓓ（後編）動くことがままならない子　**147**

事例Ⓔ スピーチ恐怖の女子中学生　**171**

事例編のまとめ　**192**

Topic
認知行動療法の ERP（曝露反応妨害法）　**111**
わらしべ長者　**130**
電信柱のメタファー　**134**
随伴性形成行動とルール支配行動　**136**

あとがき　**194**

事例にまなぶ認知行動療法

子ども×学校の困りごとが解決に向かうマインドセット

第1章
認知行動療法の基本的な考え方
その歴史と理念

....

▌認知行動療法の歴史と現状

　1950年代に行動に焦点化する技術の集合体である「行動療法」が形になり，1960年代に思考に焦点化する技術の集合体である「認知療法」が形になり，雪だるまの上下よろしく両者がふんわりくっつく形で，1970年代に「認知行動療法」ができている。行動療法と認知療法は兄と弟のように，似ていると言えば似ているし，違うと言えば違うのだが，結局似ているところの方が多い。

　認知行動療法の世界も一枚岩ではなく，より認知的な介入を重んじる認知療法から，より行動的な介入を重んじる行動療法まで，さまざまなグラデーションがある（図1-1）。認知行動療法を行う人によって「これが認知行動療法だ」と思っている内容には，大きな個人差や派閥の差がある。例えば「認知行動療法の創始者はアーロン・ベックだ」と訴えつづけている認知療法原理主義者の派閥（ベック派）もあれば，「認知行動療法とはすなわちスキナーの応用行動分析のことだ」と本気で信じている行動分析原理主義者の派閥（スキナー派）もあり，両者は交わる術を持たない。悠久の時を経て世代交代が進めばそれらもいつか水に流れるかもしれない。

　世界の他の国の認知行動療法学会を見ても似たようなことが起こっている。認知行動療法以外でも，家族療法も，催眠療法も，ブリーフセラピーも，さまざまな学会で同じような分断が起こっている。したがって，我が国だけの問題でもなければ，この技法だけの問題でもない。テーゼとアンチテーゼを混ぜ合わせてジンテーゼを作り出すのが認知療法だが，学会と学会を混ぜていくことはできない様子だ。結局のところ政治のような巨視的な困りごとは，心理療法では解決できないのだろう。

　結局のところ認知行動療法は，あくまで個人のなかに問題解決のタネを見つ

け、「認知」または「行動」に焦点化することで、具体的に物事を解決方向に進めていくことを良しとする技法である。

しかし、学校や産業領域などにアウトリーチをかける際、時には組織を対象にセラピーを仕掛けることがある。そのような話も第3章で述べている。

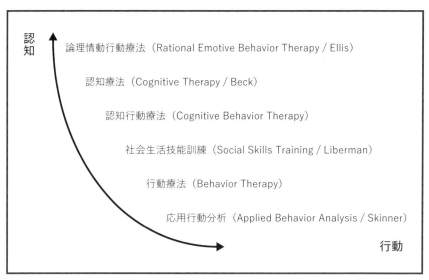

図 1-1　認知行動療法のグラデーション

ケースフォーミュレーション

　認知行動療法は、常識的な感覚で、できるだけ客観的なデータに基づいて、セラピーを展開する。そのことで、学校や産業のようなアウトリーチ先において立場を作って領域展開（つまり理解してもらいながらインナーストアを開くこと）がしやすい。困りごとを抱えた人にも、その周りの人（上司や教師や家族）にも、見立てや手立てを説明しやすく、納得してもらい、介入を実行してもらいやすい利点がある。

　図1-2はよく見られる認知行動療法の概念図で、円が個人の内界を指し、認知と行動と感情と身体が相互作用している。個人の外側つまり状況・環境側から見れば、個人の行動は反応すなわちアウトプットである。一方で、状況・環

境をインプットするのが認知である。この内界と外界のはざまで，インプットとアウトプットの部分を調整していくのが認知行動療法である。

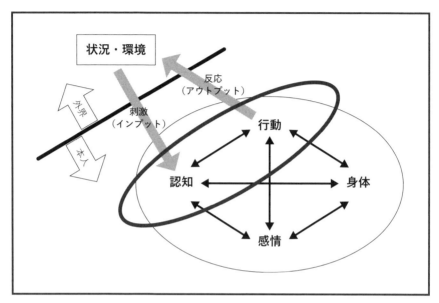

図1-2　認知行動療法の概念図

　また別の見方をすれば，「状況・環境」は個人の外側にあってコントロールが不可能なもの，「身体」や「感情」は個人の内側にあって，やはりコントロールが困難なものである。例を挙げれば「クラスメートがムカつくから隣のクラスに替わる（状況の変化）」「お腹が痛いのを来月まで延ばす（身体の変化）」「腹が立っているのを4時間後に先送りする（感情の変化）」などは，個人の努力の及ぶところではない。
　一方で認知や行動は，簡単だとは言わないが，個人の努力や工夫次第によって変えることが可能だ。このように変更可能性／不可能性を区別して介入を行っていくと，自ずと認知や行動の部分が介入のターゲットとして選ばれることになる。
　一般的にラインホルド・ニーバーの祈りとされている"God, grant me the serenity to accept the things I cannot change, courage to change the things I can, and

the wisdom to know the difference"（神よ，お与えください，私に変えられない
ことを受け入れる平静を，変えられるものを変える勇気を，その違いを知る知
恵を）になぞらえれば，それほどの知恵がなくとも「身体と感情」が変えられ
ないもの（受け入れるもの），「認知と行動」が勇気をもって変えられるものだ
と分けることができる。

　（余談になるが，第3世代と称する認知行動療法の一群は，この「変えられ
ないもの」を「受け入れる」ところにひとつの力点を置いてセラピーを展開し
ている）

　スクールカウンセリングなどアウトリーチで認知行動療法をするときに起こ
る独特の面白さは，この対個人セラピーでは「扱うのが不可能」サイドに入っ
ている状況・環境（すなわち親や教師や家庭や学校）に，アウトリーチとして
直接関われることだ。したがって単純に考えても，2倍以上の効率で物事は解
決する（実際は相乗効果があるので，もっとうまくいく）。

　さて，図1-2はあくまで一般概念図で，実際の臨床で使用することはほとん
どない。それぞれのクライアントの困りごとやリソースに合わせて，それぞれ
で独自の図表を作成していく必要がある。それらパーソナライズされた図表を
「ケースフォーミュレーション」と呼ぶ。すなわち，個々人に当てはめて認知
行動療法の理論やモデルを適宜変更していくのがケースフォーミュレーション
の目的だ。私からすれば，既存の図表に情報を入れ込むこと，すなわち認知行
動療法に合わせて個々人を理解することは，ケースフォーミュレーションとは
呼ばない。それはあえて言えば御仕着せである。

　しかし，クライアントと一緒に問題やリソースのそれぞれの関連性を描き出
せばケースフォーミュレーションが完成するわけではない。ケースフォーミュ
レーションは常に未完成である。あるいはそれは，仮に作られた静的なケース
フォーミュレーションと言うこともできる。一度作ったそれを，回を重ねるご
とに新たなデータや実験結果を加えて修正して，より問題そのものを描き出せ
るよう，より解決に進んでいけるよう洗練させていく。それら一連の作業が動
的ケースフォーミュレーションで，認知行動療法の最も重要な営みのひとつで
ある。そして，最後の問題が解決したときに，ケースフォーミュレーションは
完成したと言える。

ここまでを整理すると以下のようになる。

- 認知行動療法の既存の図にクライアントの問題を当てはめてみた
  ➡御仕着せ
- クライアントの問題に合わせて認知行動療法の図を作った
  ➡未完成／静的ケースフォーミュレーション
- 未完成／静的ケースフォーミュレーションを，毎回得られたデータや実験結果で，適宜修正している
  ➡動的ケースフォーミュレーション
- すっかり良くなった（寛解した）
  ➡ケースフォーミュレーション完成

　いろいろケースフォーミュレーションを作ってみても，それらがクライアントを全面的に代表することはなく，どこかしっくりこない。その欠けたピースを埋めるために，セラピストとクライアントで協同して，課題を創り出し，データを収集する。毎回のセラピーでフォーミュレーションは核心に迫っていき，最終的に完成した暁には，1回目には謎であった伏線も全て回収できている。これにはリアル謎解きゲームと言ってもいい面白さがある。

　驚くべきことに，クライアントの発言や行動は，初回から終結に至るまで終始一貫していて完成形のケースフォーミュレーションと何ら矛盾しない。逆にセラピストが最初に立てたケースフォーミュレーションは，たいてい間違いだらけである。

　だから，「クライアントさんの言動や発言は完全に正解である。我々のケースフォーミュレーションはまるで不完全である」は大切な真理である。これを常に意識して，セラピストが自らのフォーミュレーション（≒セラピストの頭のなかの妄想）を破棄して再構築を繰り返していくことで，いくらか真実に近づくことができるのだ。

心理教育

　認知行動療法では，心理教育をとても大事にしている。つまり情報整理して見立てたことやそのまとめ（ケースフォーミュレーション），一般的に良いとされている情報提供，セラピストにできることとできないこと，今からやろうとしていること，その介入で見込まれる良い結果や悪い結果，などを正直に伝え，本人に納得してもらいながら，一貫して進めていくことが重視される。

　なぜなら，認知行動療法は治療の主体がクライアントにあり，面接室内ではなくむしろ外（クライアントの生活空間）にあって，本人や家族にアレコレしてきてもらう心理療法だからだ。対照的に，催眠やブリーフセラピーやEMDRなどは，面接室内でのセラピストの介入がすなわち治療行為だ。しかし，認知行動療法においては，セラピストが面接室で行うことは「お膳立て」に過ぎない。これは技能習得系の活動でよく見られる関係性だ（ピアノ教室の先生と生徒，トレーニングジムのインストラクターと利用者など，家で本人がトレーニングしてこそ身につく練習系）。かつて「ブリーフセラピーと認知行動療法はそこに大きな違いがある」と森俊夫氏が述べていたが，全く同感である。

　クライアントが面接室外で治療行為をするには，相応の納得がなければならない。また，「情報収集－見立て－説明－介入－結果」までの首尾一貫した流れも必要になる。逆に言えば，この流れが一貫していないと，治療は成立しない。例えば「遂行されないホームワークをセラピストが出してしまうミステイク」が起こるのは，その一貫性をセラピストが示せてないからだ。

　この「情報収集－見立て－説明－介入－結果」のサイクルは，結果を次の情報として，試行の1回ごとが次回以降への情報収集となる。毎回のサイクルが，渦巻のようにより核心へと迫っていくスパイラル・プロセスである。つまり，面接1回目に作ったケースフォーミュレーションより，10回目のそれは問題解決に対して一層クリティカルでなければならない。最初は座布団で蚊を叩くような曖昧でぼんやりしたケースフォーミュレーションを，最後はノミの心臓を貫くほどにピントを合わせて鋭くしていかなければならない。

　そのことはセッション内の一貫性と，セッション間の一貫性が相乗効果をなして治療を構成していることから成り立っている。これは，言い方を換えれば，ずっと事態が改善しないセラピーは，ケースフォーミュレーションのピントがズレている（セラピストの見立ての悪さ），およびズレを修正しない（セラピ

第1章 認知行動療法の基本的な考え方——その歴史と理念　　19

ストの怠慢）ことに起因している。

　そして，この一貫性は本人（個人）のみならず，本人を取り巻く環境（職場
や学校や家庭）にも同様に適応される。それら環境においても同一の一貫性で
取り組むことができれば，無類の力を発揮するとも言えるし，むしろその一貫
性があるだけで，問題の多くが解決することもある。

認知行動療法の課題

　認知行動療法ではセッションとセッションをつなぐものとして毎回課題が提
案される。当初，課題の遂行は「カウンセラーに言われたから」「カウンセラー
に褒められるから（叱られないように）」という外発的な動機づけに基づくも
のかもしれない。しかし，課題を行っていくにつれ，自分の生活が楽になり，
苦痛が減り，自由になり，やりたいこと・できることが増えて，ストレス耐性
が高まり，楽しい時間が増えて……と生活上の良いことや成功体験がどんどん
増えてくる。それによってますます課題が遂行されるようになれば，セラピス
トは逆に課題への称賛というフィードバックを減らし，課題の設定を本人に任
せ，来たるべき治療終了に向けてフェードアウトしていくことになる。

　最初からクライアント任せで，「どうなりたい？」「どうしたい？」「自主性
を尊重するよ」と相手に丸投げするのは，いかにも効率が悪く，セラピストの
責任逃れに過ぎない。一方で，セラピストが最後までセラピーの舵を取りつづ
けるのも，ドラえもんとのび太みたいに依存を形成してしまう。啐啄ではない
が，ちょうどいいぐらいのところで，一時的に預かっていた問題解決の主体性
を，少しずつお返ししていかなければならない。われわれセラピストは骨折に
おける松葉杖よろしく，クライアントが自分で歩けるようになるために，いず
れ使われなくなり，顧みられなくなり，そして捨て置かれるように段階的に手
配しなくてはならない。ずっと褒めつづけたり，慰めつづけたり，課題を出し
つづけたりすれば，当たり前だが依存されてしまう（図1-3）。

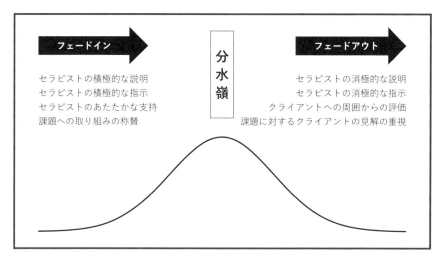

図1-3　セラピストのフェードイン／フェードアウト

　カウンセラーとクライアントはかりそめの関係で，クライアントの現実の生活や関係性のなかで一定の満足が得られるような構造ができあがってこそ，治療関係がきちんと終了する。治療関係が継続中のときだけ調子が良いのは，酒を飲んでいるときだけ調子がいいのと同じことで，褒められた話ではない。しかし，自分がそのようなクライアントをスポイルする存在であることに酔って，「先生のおかげでよくなりました」と言われたがるセラピストになってはならない。

　認知行動療法の最初の課題は，「主訴の観察（モニタリング）」である。主訴が痛みであれ，幻聴であれ，イライラであれ，抜毛であれ，特定の認知であれ，「それが，いつ，どこで，どのように起こっているか，その後どうなるか，観察しよう」というモニタリング課題を出す。モニタリングのない認知行動療法はない（まさに"no monitoring, no CBT"である）。

　認知行動療法では，明白な結果を求めて，明白な目的を持った介入を行う。曖昧な結果を求めて，目的も曖昧なままに，何を目指しているのかわからない介入をすることはない。結果はできるだけ数えられるもので，良いか悪いか明白であってこそ，より良く修正していける。

　モニターしてきた症状が，量的にも，質的にも，頻度的にも，セラピーが進むにつれて減少していけば，介入は成功している。そうでなければ，見立てか，

介入か，どちらも失敗しているかだ。モニタリングはセラピーの失敗に早く気づいて修正するためにも不可欠である。

「目標は結果を見据えて明白に作ろう」と，来日した認知行動療法家の看護師であるシャーロン・フリーマンが言っていた。そうすれば，セラピーが失敗しているときに「失敗している」と気づくことができる。目標が曖昧なときには，失敗すらできない。わけがわからない状態が，セラピーによって，一層わけがわからない状態になっているだけだ。そして，カウンセリングの世界は，ほとんどがそんな怪しいセラピーばかりなのだ。

認知的介入ないし行動的介入の選択

どのような困難度の事例に，どのような技法を用いるべきかの目安は，図1-4の通りである。横軸に適応度・重症度を取ったときに，高機能かつ社会適応が良いものについては，認知的技法が占める割合が高い。しかし，どれほど高機能であっても行動的技法を使わないことはない。逆に，より低機能かつ不適応的である場合は，行動的技法の占める割合がより増えてきて，認知的技法は利用しづらい。

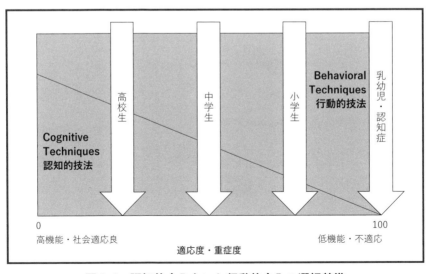

図1-4　認知的介入ないし行動的介入の選択基準

具体的には高校生であれば認知的技法も行動的技法も大人と遜色なく用いることができる。中学生だと学年や性別にもよるが、行動的技法が2/3となるだろう。小学生にはほぼ行動的技法を用いることになる。乳幼児や認知症のような、認知機能に頼ることが難しい状態であれば、行動的技法の占める割合は100%になる。

これに重症度合いも関わってきて、重症であればあるほど、行動的技法が利用される比率が上がってくる。しかし、回復が進行するにしたがって行動的技法から認知的技法へスライドしていくことになる。

いずれにせよ、認知的技法と行動的技法は相補的なものである。クライアントに合ったやり方で、やりやすい方からやっていけば良い（図1-5）。

例えば、十分疎通が可能な軽度知的障害のクライアントに対して、「行動的技法しか用いられない」と判断することは偏見である。思考や言葉の扱いがそんなに巧みでない人ほど、かえって思考や言葉に振り回されてしまうことはあるし、緩ませ方も器用でない。そんなときにちょっとした認知的技法で大いに緩んで息継ぎできることも数多くある。

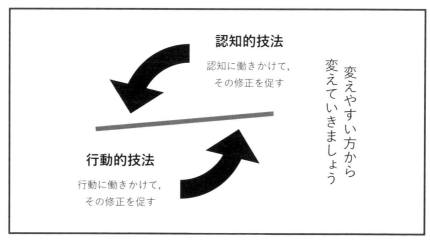

図1-5　認知的技法と行動的技法の循環

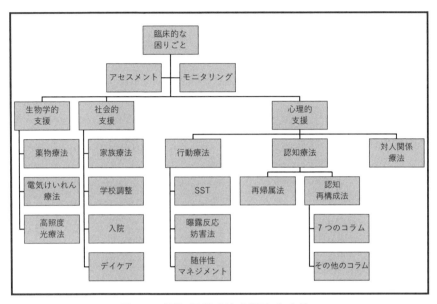

図1-6 認知行動療法を導入する前に

　認知行動療法を導入する以前の問題として，アセスメントやモニタリングを通じて，その子どもの問題にどの支援が必要か査定しなければならない。生物学的な治療（医療受診と薬物療法）が必要なのか，社会的な支援が必要なのか，心理的な支援が必要なのか。それらのどれを併用するとよいのか。生物学的な治療として，近隣のどの医療機関が信頼できるのか。薬物療法がもたらしてくれる恩恵はどの程度見込めて，どれぐらいが限界か。家族やその他親族のキャパシティ（経済的，マンパワー的，情緒的な余裕）はどの程度か。学校や地域の教育委員会の社会資源はどの程度使用可能か。心理的な治療を行うとすれば何が適切か……などといろいろなことを考える必要がある。特にクライアントが未成年であると，有効な向精神薬も少ない。その状況で，混みに混んでいる医療機関を活用することには，相応の理由が必要だ（図1-6）。

　しかし，医療機関の診断書をひとつの論拠として学校のシステムを動かすことは可能である。例えば，適応指導教室や特別支援学級，通級指導教室，加配などを利用すること，合理的配慮について権利主張する上で，診断書はいくらか効力を発揮する。その他諸々の社会的介入においても，医療機関からの紹介

状があるとないとでは，職員会議における主張の通りやすさが違ってくる。

（この教育判断における診断書主義は，本当は良くない／間違ったことである。学校や教師から見て，児童生徒に合理的配慮が必要だと思えば，外部の医療の手をわずらわせることなく，合理的配慮を行うべきである。近年，教育機関がそれらの判断を医療機関に外注しすぎていることを憂慮している）

Topic　トートロジーを避ける

　特に行動療法側に強い考え方ではあるが，説明するもの（原因）と説明されるもの（結果）が混同されるトートロジー（Aの理由をBとし，Bの理由をAとする循環論）は避ける。ケースを見立てていく上でトートロジーが混入している見立ては，ほとんどガラクタである。

　例えば，「彼がみんなとうまく話ができないのは，ソーシャルスキルが足りないからだ」という理屈は典型的なトートロジーで，「彼のソーシャルスキルが足りないのは，うまく話ができないところ」から見て取れるわけだから，原因と結果が循環している。

　また，「彼女がわがままで自分勝手なことばかり言うのは，自己愛が強いからだ」なども，完全なトートロジーで，もしそんな自己愛とやらをなんとかしようと働きかけたら，出口のない迷路を永遠にさまようだけになることだろう。

　「彼女が手首を切るのは，自尊感情がないからだ」「この子が不登校なのは，学校に面白みを感じられないからだ」「彼が教室を飛び出すのは，ADHDだからだ」などのトートロジーを"見立て"だと勘違いしてはならない。そのようなものは，せいぜい「りんごはアップルだ」と言葉の置き換えをしているに過ぎない。

　これらは認知療法系に多いような気もしながら，行動療法系でも「不安がある→回避行動を取る→不安が下がる」のような空疎なロジックを用いがちである。このように意味のない見立てをしてはならない。

　トートロジーがなぜまずいのか？　それは人間がそのような置き換えを無限にできる生き物だからだ。

どうにもならないケース会議の会話例を見てみよう。

A「Cさんはどうして学校に来ないんですかね？」
B「そりゃ，学校が嫌いだからだろう」
A「Cさんはどうして学校が嫌いなんですかね？」
B「そりゃ，みんなと馴染めないからだろう」
A「Cさんはどうしてみんなと馴染めないんですかね？」
B「そりゃ，人に対する信頼感がないからだろう」
A「Cさんはどうして人に対する信頼感がないんですかね？」
B「そりゃ，他人と会話しないだからだろう」
A「Cさんはどうして他人と会話しないんですかね？」
B「そりゃ，学校に来ないからだろう」

　原因と理由，原因と理由，という風に流れていって，ネズミの嫁入りのごとく，最後は「学校に来ないのが原因で……学校に来ない」というオチがついてしまう。このようなケース会議は同じところを回っているだけで，時間の無駄である。
　このようなトートロジーを生み出す最大の原因は「心の概念の粗製濫造」である。心の概念は無限に開発されており，ひとつの心の概念を巡る解釈も無限の広がりを見せている。ただ，私の見たところ，それら心の概念の拡大や開発が，問題解決に結びつくことはない。学者などが「それを最初に言い出したのは私だ」と新語創作／輸入代行をするのは，第一人者になってチヤホヤされたいだけでただの言葉遊びである。
　もちろん新語ラベルを貼ることで結果が伴うなら，いくらでもラベルを貼り替えればよい。例えば，お菓子の名前とパッケージを変えて，売れ行きが上がれば良い変更だ。「適応指導教室」や「別室」などというラベルを「暇つぶしの遊び場」「勉強を教えてくれるタダ塾」などと貼り替えて，クライアントが利用しやすくなるなら，いくらでも張り替えれば良い。
　しかしラベルを貼り替えることが結果として意味をもたらさないなら，そんな無駄なことをしてはならない。「発達障害でひきこもっているのではなく，実は過剰な自己愛でひきこもっているのだ」とか，「心理的安全

性を欲してひきこもっているのだ」とか，そんな御託にはまるで意味がない。そのラベルチェンジで親や本人がこれまでとは違う行動を取りはじめて，何らかの改善が見られたときに，初めてラベルチェンジは意味を持つ。本人の良い変化に寄与するかしないか，そこだけが問題であって，「正しいラベルは何か」という吟味に無駄な時間を割くべきではない。

Topic 医療受診──事実に基づいて冷静な判断を

　これはとても言いにくいのだが，行動療法から見ると，医療の診断名にも前述のトートロジーと同様の言葉遊び感があるのは否めない。だから，そんな病名が存在するか否か，疑念を持って受け止めつつ，結局医療受診が本人にどのようなメリットをもたらしたのか，その実益だけで医療受診の是非を測るしかない。

　何らかの病名がついて，治療がなされ，機能が回復し，QOLが上がるのであれば，もちろんそれで良い。何の機能回復もないなら医療受診に意味はない。

　私自身，クライアントに病名がつくことで，本人や家族や学校や職場においてより良い結果を招いたことを，何度も経験している。一方で，そのような病名がつくことが（少なくとも本人の学生時代の間には）何の役にも立たなかった，という結果もまた数多く経験している。スクールカウンセリングをやっていた時代の経験としては，後者の事案の方が多かったため，教育現場で精神科受診の信頼性やメリットは毀損されていた。

　別に精神科受診に限らず，スクールカウンセリングも，私設カウンセリングルームも同じだ。だから，心の専門家を取り巻く周囲は，「その機関が何と述べたか」に注目するのではなく，「その機関や人の働きによってどのように機能が回復したか」を冷静に見つめながら，その機関が役に立つかを判断すれば良い。

　心の困りごとを抱えたものは医者にかかるべきとか，かかるべきではないとか，専門家に見せるべきとか，見せるべきではないとか，そういうことが言いたいわけではない。「使えるものであるならば，使っていこう」というスタンスで試した結果，役立つと判断されたものこそが「信頼」な

のだ。何回か使ってみて役立たなければ，もう使われないのも負の信頼である。

　私が危惧するのは「御の字」感が出ることである。学校として，スクールカウンセラーとして，医療機関を勧めたから御の字。医療機関に通っているようだから御の字。そんなことは全くない。もちろん心の病気を持つならば心の病院にかかった方が良いが，それだけでは万事解決からも安心からも程遠い状況である。

第2章
データで読み解くスクールカウンセリング
統計分析

統計に見るスクールカウンセリングの現状

不登校の統計とスクールカウンセリング

　文部科学省「児童生徒の問題行動等生徒指導上の諸問題に関する調査」から取ったデータをまとめた図2-1は，ここ14年間（2010〜2023年）の児童生徒数と不登校および長期欠席者数のグラフだ。不登校の児童生徒は267％，長期欠席者は278％増加している。

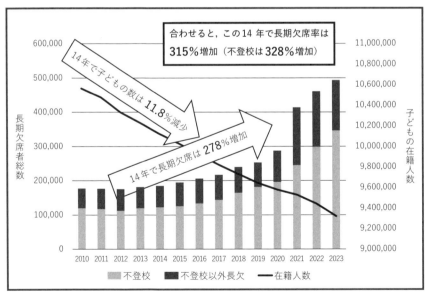

図2-1　小中学生の不登校および長期欠席者数

さらにそれと並行して，猛烈な少子化が進行しており，ここ14年で児童生徒総数は11.8％減少した。その影響を加味して考えると，不登校は328％，長期欠席者数は315％増加している。シンプルに考えて，3倍強になっているのは，由々しき問題である。

　文部科学省「平成17年度における児童生徒の問題行動等の状況について」を見ると，不登校の児童生徒のうち，「指導の結果再登校する／できるようになった児童生徒」は30.1％だそうで，残りの69.9％は「指導中」と書かれている。不登校からの回復で，この3割は自然回復と言える。

不登校児童生徒への指導結果の状況

　ところが，文部科学省「平成17年度における児童生徒の問題行動等の状況について『指導の結果登校するようになった児童生徒』に特に効果があった学校の措置」（https://www.mext.go.jp/b_menu/shingi/chousa/shotou/066/gaiyou/attach/1369851.htm）という資料によると，再登校するようになった不登校児童生徒への介入のうち効果があった学校の措置として，「スクールカウンセラーの専門家としての指導」の占める割合はごくわずかである。

　まず，不登校児童生徒のうち，スクールカウンセラーに専門的な相談を受ける割合は37.8％である。残り62.2％の不登校児童生徒は，スクールカウンセラーに相談していない。次に，不登校から脱して再登校した児童生徒を全体としたときに，そのうちスクールカウンセラーからの介入が最も功を奏して再登校に至ったと学校に判断されているのは，8.3％（小学校5.5％，中学校10％）である。したがって，もし再登校に至った場合でも，91.7％の児童生徒が，スクールカウンセリングではないきっかけで再登校している。例えば，「登校刺激や家庭訪問の方が，再登校につながるきっかけとしては効力が高い」と学校から判断されていることになる。

いじめの統計とスクールカウンセリング

　では，いじめではどうだろうか？　スクールカウンセリングによって，未発見のいじめが明らかになるということがあるだろうか？　あるいは，いじめの被害者のケアがなされるということがあるだろうか？

　文部科学省「令和2年度 児童生徒の問題行動・不登校等生徒指導上の諸課

題に関する調査結果」を見てみると，いじめの報告は小学校で42万件，中学校で8万件ある。そのうち，いじめが発見された経緯の分析で，スクールカウンセリングによって発見される割合は，小学校で0.1%，中学校で0.3%である。つまり，スクールカウンセリングによっていじめが発見されることはほぼない。

では，発見されたいじめ被害者がスクールカウンセリングで相談することはあるのだろうか？　これは，発見よりは少しだけ多く，小学校で1.2%，中学校で3.3%のいじめ被害者がスクールカウンセリングを利用している。逆に言えば，いじめ被害者の98.5%はスクールカウンセラーに相談していない。

では，いじめ加害者側へのケアはどうだろうか？　いじめ加害者である児童生徒への特別な対応として，スクールカウンセラー等の相談員がカウンセリングを行う率は，小学校で1.2%，中学校で2.4%である。

ちなみにこれらの統計は，主に解決に寄与したものの統計ではなく，重複してカウントしても構わないものの統計である。それでも，いじめの被害／加害の問題にスクールカウンセラーは役立っているとは言い難い。

つまり，スクールカウンセラーは，いじめの発見，いじめのケア，再加害防止のどれにも役に立っていないと言わざるをえない。

Topic　教育統計の粉飾

　いじめの認知件数は年を追うごとに増加しており，特に2015年度から顕著に増加している。しかし，それは悪いことばかりではない。いじめ（ハラスメント）の被害というものは，被害者がどのように感じるかによって認定されるものであって，周囲が「それはいじめだ／いじめでない」などと決めるものではないという方向性が，暗数であったいじめ案件を実数化しているのかもしれないからだ。

　では，不登校の統計はどうだろうか？　「不登校児童生徒」とは「何らかの心理的，情緒的，身体的あるいは社会的要因・背景により，登校しないあるいはしたくともできない状況にあるために，年間30日以上欠席したもののうち，病気や経済的な理由によるものを除いたもの」と，文部科学省の調査「不登校の要因分析に関する調査研究報告書」（https://www.mext.go.jp/content/20240322-mxt_jidou02-000028870_02.pdf）では定

義している。

　ただ，この文部科学省の不登校の統計には看過しがたいカラクリがある。長期欠席者のうち「不登校」とカテゴライズされるかどうかが，各県，各校，各教師の胸算用で決まっているのだ。

　長期欠席者は，①病気，②経済的理由，③不登校，④その他／複合的，と４つのカテゴリーに分類されている。①の病気は，医療機関にかかっているということを必ずしも意味しない。本人が学校に行かない理由を「お腹が痛いから」と言っていれば，「お腹が痛いなら病気だから①だな」と，教師が自由につけられる。もちろん医療機関にかかっていても構わない。小児科医が「朝起きられないのはきっと起立性調節障害ですよ」と言えば①となり，不登校ではなくなる。②について言えば，日本に一定数はいるものの，それほどの数ではない。そして④は複合的なので，不登校の家庭にほんの少し経済的困窮があっても，ちょっと喘息があっても，何らか１つでも別のことがあれば，それは複合的な④とカテゴライズできる。

　この①〜④のカテゴライズは各教師によっても，各学校によっても，各都道府県によってもバラバラである。ひとつ言えるのは，この曖昧なコーディングを，不登校者数を「粉飾」する結果となるよう，各教育委員会が恣意的に利用してきたということだ。これらの奇妙な都道府県差に対しては，保坂（2002），山本（2008）など数多くの研究者が指摘している。

　そこに，令和の世の中になって，⑤新型コロナウイルスの感染回避というカテゴリーが加わっている。もちろんだが，この数字にも都道府県差が大きくあり，その差は都道府県の感染状況とは一致しない。

　表2-1は，令和２（2020）年の「学校基本調査」の統計を“不登校”で見たときの，不登校率ベスト＆ワースト10と，“長期欠席者”で見たときの長期欠席率ベスト＆ワースト10の都道府県である。

第2章　データで読み解くスクールカウンセリング──統計分析　33

全校生徒中の"不登校"率
ベスト＆ワースト10

ベスト		ワースト	
福井県	1.40%	高知県	2.52%
山形県	1.56%	北海道	2.48%
岩手県	1.56%	島根県	2.47%
香川県	1.57%	沖縄県	2.43%
埼玉県	1.64%	長野県	2.37%
秋田県	1.70%	福岡県	2.33%
鹿児島県	1.71%	静岡県	2.29%
宮崎県	1.71%	宮城県	2.26%
千葉県	1.72%	栃木県	2.26%
青森県	1.73%	奈良県	2.26%

全校生徒中の"長期欠席者"率
ベスト＆ワースト10

ベスト		ワースト	
山形県	1.92%	沖縄県	4.05%
福井県	1.98%	大阪府	3.64%
岩手県	2.00%	福岡県	3.57%
新潟県	2.20%	岡山県	3.53%
宮崎県	2.22%	高知県	3.53%
秋田県	2.25%	北海道	3.50%
青森県	2.26%	奈良県	3.43%
香川県	2.31%	長野県	3.32%
長崎県	2.36%	山梨県	3.24%
富山県	2.47%	宮城県	3.22%

表2-1　都道府県別・不登校率および長期欠席者率

　さらにこの統計結果から，長期欠席生徒のうち，③不登校とカテゴライズしている都道府県と，不登校が低くなるよう水増し報告している都道府県を求めた（表2-2）。その結果，ベストとワーストの水増し差は約2倍である。なかでも岡山の水増し度合いは，半数以上と群を抜いており，長期欠席で見ればワースト5に入るのに，不登校で見ればワースト10にも入らない。沖縄や大阪など，長期欠席者が多いところは水増し申告が多い。それに比べて，山形や岩手は実際に長期欠席も不登校も少なく，水増しもされていない。

　このようなカラクリに満ちた不登校統計が文部科学省や教育委員会の採択したデータ収集・分析の基礎となっており，これは教育指導やスクールカウンセラーの成果を述べる以前の問題である。

	一致率上位		一致率下位
島根県	88%	岡山県	49%
新潟県	87%	沖縄県	60%
石川県	83%	大阪府	60%
静岡県	82%	鹿児島県	60%
山形県	81%	埼玉県	61%
群馬県	79%	滋賀県	61%
長崎県	78%	三重県	62%
岩手県	78%	千葉県	63%
富山県	78%	京都府	63%
徳島県	78%	東京都	64%

表 2-2　長期欠席と不登校の一致率のギャップ

　　不登校の統計における信頼性の低さ・ばらつきの問題には，都道府県差だけではなく，経時的な差もかかわっている。

　　滋賀の中学校生徒数と長期欠席・不登校の関係を，2001年，2011年，2020年と経時的に見てみると，2001年から2011年の10年間にかけて，生徒数は9％減ったが，長期欠席者数は6％増えている。しかし，前述の水増しにより不登校率は変わらず2.8％程度に抑えられていた。さらに10年ほど経って2020年には，もうその水準を保つことなく，不登校率は3.5％に増加しているが，少子化と水増し率はさらに上がっており，もはや長期欠席中の6割強しか不登校とカウントしないようになっている。全校生徒中の長期欠席者率も3.3％→3.8％→5.2％と，中学生の20人に1人以上が長期欠席の状態である。

	全校生徒	長期欠席生徒数	病気	経済	コロナ感染回避	その他	不登校	全校生徒中長欠率	全校生徒中不登校率	長欠中不登校率
2001年	47,284	1,559	149	7		90	1,313	3.30%	2.78%	0.84%
2011年	43,011	1,648	173	1		283	1191	3.83%	2.77%	0.72%
2020年	40,844	2,132	343	0	78	296	1,415	5.22%	3.46%	0.66%

表 2-3　滋賀県の水増しの経時的推移

端的に言えば，小学校も中学校も，長期欠席をコントロールできておらず，不登校率は増加の一途をたどっている。コントロールしているのは，不登校のラベルだけである。不可解な水増しがなされているデータを読み解くためには元データに当たるほかなく大変面倒なことである。

● 文献
保坂亨（2002）不登校をめぐる歴史・現状・課題．教育心理学年報 41；157-169.
滝川一廣（1998）不登校はどう理解されてきたか．In：佐伯胖 編：岩波講座 現代の教育 第4巻 いじめと不登校．岩波書店，pp.163-186.
山本宏樹（2008）不登校公式統計をめぐる問題―五数要約法による都道府県較差の検証と代替案の吟味．教育社会学研究 83；129-148.

Topic　不登校は問題か？

不登校が問題か否かについては，いろいろな見解がある。

ひとつの考え方は，法律による。親が子どもに教育を受けさせる義務である。日本国憲法第26条第2項には「すべて国民は，法律の定めるところにより，その保護する子女に普通教育を受けさせる義務を負う。義務教育は，これを無償とする」とある。それをうけて，教育基本法第4条（義務教育）において「国民は，その保護する子女に，九年の普通教育を受けさせる義務を負う」とされ，学校教育法第22条には「保護者は，子女の満六歳に達した日の翌日以後における最初の学年の初めから，満十二歳に達した日の属する学年の終わりまで，これを小学校又は盲学校，聾学校もしくは養護学校の小学部に就学させる義務を負う」とある。また民法第820条（監護及び教育の権利義務）にも「親権を行う者は，子の監護及び教育をする権利を有し，義務を負う」とある。

したがって，不登校の我が子に教育を与えないことは，親権者の義務違反であり，広い意味で親の育児放棄（ネグレクト）にあたる。例えばアメリカでは，子どもが何日も学校に行かないことは，親の違法行為であるとされ，親の責任が問われ，罰金刑の対象になる。

子どもが摂食障害で「本人の食べたくないという意思を尊重して，食べさせませんでした」と親が判断して結果的に子どもが餓死したら，それは

適切な医療を与えなかったというネグレクト・虐待になる。同様に，子どもが不登校で「本人が学びたくない意思を尊重して，学ばせませんでした」とすれば，やはりネグレクト・虐待になるだろう。

　一方で「教育を受けさせる」は広い概念なので，学校を利用した教育に限らないのが，近年の見解である。家庭教師をつけてもいいし，塾に行かせてもいいし，オンラインで学ばせてもいいし，親が教えてもいい。親が子どもに教育を与える義務を怠った場合，法的問題が発生するのは確かだが，学校以外の選択肢はもちろんありえる。現状では相当にコストがかかることではあるが，そのような方策を取れば少なくとも虐待には当たらない。

　不登校を問題とするもうひとつの考え方は，税金の問題である。ある家庭が所得税なり住民税なり消費税なりを支払っているうちの何％かは，教育費である。行政が教育費を徴収しておきながら，教育を提供できていないとすれば，それは怠慢である。

　これは，もう少し違った障害で考えると理解しやすい。当たり前だが「目が見えない障害があるから教科書が読めないし，だから教育はしなくてもOK」というわけにはいかない。教育機会は均等に与えられるべきだからだ。にもかかわらず，「学校に来られない」という困りごとの場合はどうか？　「学校に来られないなら，教育はしなくてもOK」になっていないだろうか？機会の均等はどこにいったのか？

　令和の時代になって，一時は新型コロナウイルスが猛威を振るって，学校も休校を余儀なくされていた。そんななかでこれまで進まなかったオンライン学習の機運が高まっている。不登校の子たちも「新型コロナウイルス感染回避のため」と言えば欠席扱いにならないので，学校側からも，家庭側からも便利に使われていた。

　令和2年度の不登校の児童生徒の実態把握に関する調査によると，不登校の主たる原因のひとつは，いじめや不安などではなく，学力不足である。学力不足はスクールカウンセラーの出番でないことが多い。この長い年月に莫大な予算を費やしながら，しかし不登校の子どもたちへの学力補助に対する組織的な取り組みは未だに見えてこない。

　では，親や学校・行政の面からではなく，子どもサイドから見てみよう。全ての不登校児童／生徒が不幸なわけではないが，全員が幸福なわけでも

ない。ただ，スクールカウンセリングを通じても，私設カウンセリングを通じても，出会った不登校の子はほとんどハッピーではないように見える。

なぜならそこには「選択の余地」がないからだ。不登校とは「学校に行く」と「学校に行かない」という2つの選択肢があって，後者を主体的に選んでいる状態ではない。前者の選択肢が何らかの要因で障害されている状態だ。

何らかの治療的介入の後，「学校に行く」と「学校に行かない」という2つの選択肢が生まれ，自由に選べるようになったとき，これまで児童生徒は全員学校に行った。結局のところ「行けるようになったにもかかわらず，自らの選択で不登校を選んでいる」子どもを見たことがない。繰り返しになるが，選択の余地なく「学校に行けない」状態に介入し，「学校に行くこともできるし，学校に行かないこともできる」ということを選べる状態にすることが，子どもに関わる者全員の責務である。自由な選択の上で，学校に行く以外の教育環境が十二分に整っているのであれば，そちらを選ぶのも良いだろう。学校に行かなくとも幸せに暮らしている人，賢くなったり偉くなったり金持ちになった人も，たくさんいるのだと思う。

しかしそのことは，教育を受けさせる義務を全うする親の責任と関係がないし，あらかじめ税金を徴収している行政とも関係がないし，自由な選択肢を増やしていく我々専門家とも関係がない。

個々の不登校をとってみれば，学校にとって必ず自然に解決する問題である。小学校であれば6年，中学校であれば3年，高校であれば退学か6年すれば自然と卒業していなくなるからだ。その間に学校は，なるべく当たり障りのない対応をきちんと行うことを大切にしている。時々家庭訪問に行ったり，時々親に来校してもらって話を聞いたり，電話で相談を受けたり，スクールカウンセラーをあてがって親や本人を面談させたり，そのようなアリバイ作りをすれば，学校にとって十分な関わりを行ったことになる。

何なら学校が「ほとんどの不登校は，親が共働きになって学校に送り出す力がなくなった，愛着の問題によって起こっている。そのような親の力の衰えによって，学校は迷惑を被っているけれども，忙しい業務の合間を縫って，そういった子らにも，できる限りのケアを行っている。もし何ら

かの病気であるなら、それはそれで病院が面倒を見るべき事態であり、それらの病気が治って学校に来るなら、いつでも受け入れる体制だけあれば良い」とすら思っているフシがある。

　何が言いたいのかというと、私個人はそのような共犯関係の片棒をかつぎたくないのだ。「みんなそれぞれ頑張りましたが、うまくいきませんでした。そして彼は卒業した。めでたしめでたし」とか、教育費という莫大な税金を受け取っておいて、冗談はやめてくれと思う。

　不登校は、その後一生をかなりシビアな方向に固定しかねない状態像であり、その子においても、その子の家族においても看過ごせない状態像だ。手をこまねいている場合ではない。

　厚生労働省の「『社会的ひきこもり』に関する相談・援助状況実態調査報告」（伊藤ほか、2003）では、ひきこもりの33.5％が小中学校での不登校経験を持ち、小・中・高・短大・大学いずれかで不登校経験を持っていた者は61.4％にのぼる。ひきこもりの方々において、不登校を含む最初の問題が発生した年齢が19歳未満である率は、46.7％であった。

　また、内閣府（2016）による「若者の生活に関する調査報告書」においても、「初めて引きこもり状態になった年齢」は14歳以下が12.2％、15〜19歳が30.6％であり、現在ひきこもり状態の人の42.8％が19歳以下の時点からその状態になっている。また同調査において小中学校不登校経験者は30.6％であった。

　精神疾患全体から見ても、平均的な発症年齢は14.9歳である。すなわちスクールカウンセリングの対象になる子どもたちが、一番好発年齢なのだ（Solmi et al., 2022）。

　これらのことから考えても、未成年のうちにさまざまな問題が発生していることが、長い予後に大きな影響を与えることは論を俟たない。

　しかし、何より問題なのは、このような後ろ向き調査（時点をさかのぼって記述する調査）ではなく、前向き調査（不登校の状態がその後の人生においてどのようになるかを経時的に追いかけた調査）が、日本に全くないということである。

　これは、不登校が文部科学省管轄で学業の問題とされ、ひきこもりが厚生労働省管轄で未就労等の問題とされている縦割り行政による。そして、

繰り返しになるが，文部科学省とその管轄下にあるスクールカウンセラーが，卒業したらそこで終わりと思っているのだとしたら，残念なことである。

● 文献

伊藤順一郎，吉田光爾，小林清香ほか（2003）「社会的ひきこもり」に関する相談・援助状況実態報告．地域精神保健活動における介入のあり方に関する研究．平成14年度厚生労働科学研究補助金 こころの健康科学研究事業 総合研究報告書．pp.45-96（https://www.mhlw.go.jp/topics/2003/07/tp0728-1f.html［2025年2月20日閲覧]）．

内閣府（2016）若者の生活に関する調査報告書（https://warp.da.ndl.go.jp/info:ndljp/pid/13024511/www8.cao.go.jp/youth/kenkyu/hikikomori/h27/pdf-index.html［2025年2月20日閲覧]）．

Solmi M, Radua J, Olivola M et al. (2022) Age at onset of mental disorders worldwide : Large-scale meta-analysis of 192 epidemiological studies. Molecular Psychiatry 27-1 ; 281-295.

教職員のメンタルヘルス

　教職員のメンタルヘルス悪化は喫緊の課題である。教職員でメンタルヘルス（精神および行動の障害）の問題で長期休職している割合は増加の一途を辿っている。そこにはさまざまな要因が考えられており，教職員の働き方改革が唱えられ，ほんの少しずつ進んでいるものの，まだまだ道半ばである（図2-2）。

　また，2000年に13.3倍を誇った教職員の採用倍率は，2023年には3.1倍と過去最低にまで減少している。これは，採用人数の増減もあるが，学校という職業領域が「ブラック」だとみなされはじめている世間の風潮にもよると思われる。

　教師の成り手が減っていることを受け，文部科学省はX（Twitter）やnoteを通じて，現役教職員に仕事の働きがいや魅力を訴えてもらう「#教師のバトン」プロジェクトを，2021年3月から始めた。これには「特定の子供個人の情報を書き込まない限りは，投稿にあたり所属長からの許諾等は不要」という但し書きもあり，1カ月あまりで20万近い声が寄せられた。

　しかし，その多くは学校の魅力を届けるどころか，学校という労働環境に対する教師からの怨嗟の声であった。「#教師のバトン」プロジェクトは，教師

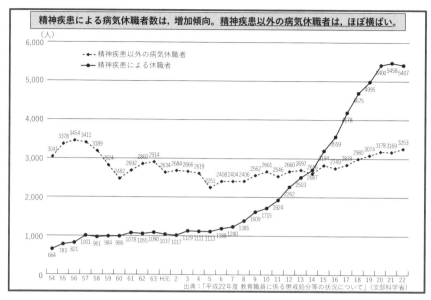

図 2-2　精神疾患とそれ以外による学校教職員の休職者数

　の魅力を世間に届けるという甘い見積もりを打ち砕いたが，文部科学省が内容を重く受け止めて精査し，反面教師として今後の教育改革に役立てれば，意味のある試みだったと言える。

　同プロジェクトによると，残業，部活動，保護者対応，労働環境などに対する訴えが多く，過酷な労働環境を思わされた。一方で，スクールカウンセラーについての言及はほとんどなかった。教師の仕事のなかでスクールカウンセラーは「眼中にない」のだろう。

　そのなかでもごくごくわずかに見られた意見にも「スクールカウンセラーの働きに助けてもらった」というポジティブな意見はほとんどなかった。一方でスクールカウンセラー制度の必要性に対する疑念はいくつか見られた。

「#教師のバトン」より抜粋，一部改変
意見①
スクールカウンセラーと教員の勤務が忙しく残業が多い話をしていたら
SC「え？　なんでそんなに帰宅が遅いんですか？　時間が来たら帰ればいいじゃ

ないですか？　オンオフを切り替えないと」
などと何も分かってない応答をされてがっかりした。

意見②
ずっと思ってて言えなかったけれど，スクールカウンセラーって必要なんだろうか？どう考えても理科や家庭の専科の教員が増えてくれる方がありがたい。ものすごい高い報酬を得ているのに，それに見合った働きをしているとは思えない。

意見③
うちではスクールカウンセラーを時給7,000円で雇っているそうですが，希望する保護者も生徒もあまり居ません。その働きをしていると思えないし，時給が見合っていません。

意見④
専科の教員は時給3分の1ですからね。専科の教員ならもっと高給でも来てほしい。

　しかし，このような見解は，「＃教師のバトン」が始まる以前から，ほとんどの教師が思っていることだ。スクールカウンセラーは，教師の業務をサポートする上で，値段に見合わないと思われている。「高給で雇ってるから，なんとか活用するように」と上から命じられて，仕方がないからそれっぽい生徒をあてがってアリバイ作りをしているだけである。スクールカウンセリングは，学校が生徒の心のケアをしているフリをするアリバイと，スクールカウンセラーを活用しているフリをするアリバイ，二重のアリバイ関係の上に成り立っている。
　上の抜粋にもあるように，専科の教師を数人雇うか，スクールカウンセラーを1人雇うか，各学校で自由に選べるようにしたら，たちどころにスクールカウンセラー制度は崩壊するだろう。教師自身が不当に安い残業代や部活顧問代で買い叩かれ，専科の先生や支援員の先生がとても低い時給であくせく働いているなかで，スクールカウンセラーの時給だけが不当に高いことに対して，良い思いをしている学校職員は一人もいない。
　「不当に高い」と思われないためには，スクールカウンセラー個人が教師とは比べ物にならない数倍のハイパフォーマンスで子どもの心の問題を解決していくほかないが，果たしてそんなことが可能だろうか？（答えは本書第3章で検証しよう）

Topic 教員のメンタルヘルスをどのように解消するか？

　教職員へのアンケート「仕事や職業生活におけるストレスを相談できる者の有無」（文部科学省，2012）への回答を見ると，学校教職員がストレスを相談する相手として，スクールカウンセラーはほとんど選ばれていない。この調査では，一般企業におけるストレス相談との比較がなされている。一般企業の社員において相談相手に「カウンセラー等」を選ぶのが1.7％であるのに対し，教職員では0.2％と約88％も低い。これは，そもそもカウンセラーの存在が縁遠い一般企業と違い，各学校にスクールカウンセラーが派遣されて身近なことが原因だろう。つまり，スクールカウンセラーとして派遣されてきた者の立ち居振る舞いを見て，「カウンセリングを受ける」相談行動は教職員のなかでかえって減少していることになる。

　踏み込んで言えば，スクールカウンセラーが，教職員にとって自身の悩みを相談する相手として全く信頼されていないどころか，むしろ信頼を損ねるような存在になってしまっていると解釈できる。

　私は，いくつかの契約から，市町村の職員相談を受ける立場にあり，また私設カウンセリングルームを開業しているので，教職員のカウンセリングを引き受ける機会は多い。また，身近な人にも教職員が多いために，教職員と世間話をする機会も多い。それら一般の教職員に「自身に悩みがあったとき，スクールカウンセラーに相談しますか／しましたか？」と聞くと，例外なく全員が「NO！」と答えた。

　残念なことに，大方の教職員にとって，学校にいるスクールカウンセラーは，悩みを相談しようと思えるような相手ではない。もちろん私の卑近な経験に基づくデータだし，一部例外はあるだろうが，私の知るところそれがスクールカウンセラーたちがこれまで築き上げてきた「負の信頼」だ。

　逆説的に言えば，スクールカウンセリングをしていて，教師たちが「同僚や自分や家族について」相談を持ち掛けてきたのなら，その場である程度の信頼を勝ち得ている証拠だと言えるだろう。

　ある勤務校の忘年会にお邪魔していたとき，教頭先生が冒頭の挨拶のなかで，「スクールカウンセラーの西川先生には本当にご尽力いただいて，生徒の心のケアのみならず，教師の心のケアにも気を配ってもらっていて

……」と言ってくださり，同じテーブルの先生方には，「そうなの？」みたいな感じでキョトンとされたが，「あ，管理職にはバレてるのね。さすがよく見てるなぁ」と感心した記憶がある。

　実際私は職員室に入り浸って，今のところ発病しているわけではないけれど，ちょっとだけメンタルヘルスの問題が発生しそうな教師とつるんで雑談していることが多かった。それらは微かな，雪かきのようなケアだけれど，大事な仕事のひとつだと思っていた。スクールカウンセラーが短い勤務時間内に馬鹿力でセラピーをしたところで，学校内でメンタルヘルスを改善できる範囲はたかが知れている。それよりは，教師をナチュラルに（それと気づかれないように）エンパワーしつづけることは，結局学校の教育や指導のクオリティを上げることになり，個々の生徒にカウンセリングするよりも一層コストパフォーマンスが高いと思われる。教師に元気になってもらった方が，生徒のメンタルヘルスにとって圧倒的に良い影響があるのだ。

● 文献

文部科学省（2012）教員のメンタルヘルスの現状．初等中等教育局 初等中等教育企画課（https://www.mext.go.jp/b_menu/shingi/chousa/shotou/088/shiryo/__icsFiles/afieldfile/2012/02/24/1316629_001.pdf［2025年2月20日閲覧］）.

Topic　スクールカウンセラーの予算

　ここまで見てきたように，学校における児童生徒の大きな問題のうちメンタルヘルスが大きく関係してくる不登校にも，いじめにも，スクールカウンセラーは寄与していないことが統計的に示された。また，教職員のメンタルヘルスにも寄与しないどころか，一般企業の労働者に比べてカウンセリングという問題解決法を採りづらくなるなど，マイナスの影響があることも示された。

　1995年から始まった文部科学省のスクールカウンセリング事業は，年度を経るごとに予算額を増してきた。2021年度では172億円が投入されている。図2-3は，これまでにスクールカウンセリング事業に投入された

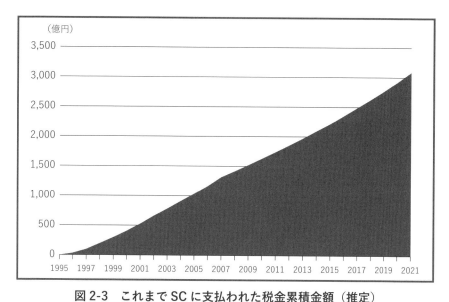

図 2-3　これまで SC に支払われた税金累積金額（推定）
（参考：文部科学省（2021）スクールカウンセラー等活用事業の予算額及び配置の推移）

　税金の累積金額（推定）である。推定では2021年まででスクールカウンセリング事業に約3,100億円の税金が投入されたことになる。

　スクールカウンセリングに支払われる税金は，国庫から1/3が補助され，都道府県が2/3を拠出する。それに加えて，各都道府県，各市町村で独自の予算をつけていることもあり，実際の税金投入額はさらに大きい。

　文部科学省は，スクールカウンセラーを雇うことが「コストパフォーマンスとして割に合う」か否かの試算が甘いように思える。そもそも教育とは割に合わないものだからかもしれないが，スクールカウンセリングを継続する教育経済効果についても，今後きちんと試算して考え直される日が来てほしい。それも我々の税金なのだから。

第3章
スクールカウンセラーを定義する
学校でのポジション・介入のアウトカム

　この章では，学校におけるスクールカウンセラーの「立場の作り方・戦略」を紹介する。

　私はスクールカウンセラー制度が始まった当初から関わってきたが，学校や教師にとってスクールカウンセラーという異物は迷惑だったはずだ。忙しい教師たちはスクールカウンセラーに構う時間もないなかで，児童・生徒をあてがうことも，何なら余計なアドバイスをしてくることも，大きなお世話であっただろう。

　しかし，年月が経つなかで，学校や教師もスクールカウンセラーのあしらい方がわかってきた。日頃の業務が忙しくてなかなか構ってあげられない「大人しくしているけれど，話を聞いてあげた方が良さそうな子」をあてがったり，「不登校の子の親御さん」の溜飲を下げるためにあてがったり，学校も心の問題に十分配慮しているアリバイ作りのためにスクールカウンセラーは使われつづけている。

　残念ながらスクールカウンセラーに事態の好転を期待している学校や教師はほとんどいない。私は保護者としてPTAに数年関わった経験があるが，まさに学校がPTAに仕事や役割をあてがっているのと同じだ。学校はPTAに「してもしなくても大差のない」仕事を，さも大事な仕事であるかのように，粛々とあてがっている。

　このような，「仕事っぽく見えるものをあてがう」という文化は，多く天下りで見られてきた。銀行の出世コースから外れた人が融資先企業に出向して，仕事っぽいものをあてがわれていたり，定年退職した校長が教育委員会に再任用されて仕事っぽいものをあてがわれていたり，とにかく上から降ってきた厄介者を奉ることは日本のあてがい扶持文化である。

　このあてがい扶持のなかにスクールカウンセリングも含まれるが，学校によっ

ても人によってもその幅は異なってくる。それは，学校や教師がスクールカウンセラーをアセスメントした結果による。スクールカウンセラーは学校や教師や生徒や保護者をアセスメントしているつもりかもしれないが，向こうもまたスクールカウンセラーをアセスメントしているのだ。

疫学／統計的に言って，どんな小規模校であっても，心の困りごとを抱えた子どもや大人はたくさんいる。それらを心の問題と気づいている／いない問題もあるが，任せるに足るスクールカウンセラーかどうかということで，あてがわれる幅は違ってくる。

結局，不登校やいじめの大半を任せてもらえていないのは，せめて生徒や教師の邪魔や害にならない，無難なあてがわれ方をされているのが大半だからだろう。

▌介入のコストパフォーマンス

第1章で，モニタリングのない認知行動療法はないと言ったが，もちろん自らのセラピー活動そのものにも適応される。例えば，第2章で紹介したように，セラピストがどの程度学校で機能できているのかは，稼働率，リクルート，回復率などのデータに基づいて，セラピスト自身が見立てるべきであるし，それは介入のターゲットでもある。対象がミクロ（ある状況でのAさんの行動）であろうが，マクロ（スクールカウンセリングのシステム全体）であろうが，情報収集し，見立て，説明し，介入し，結果を得るということには変わりがない。

認知行動療法をマクロ（あるシステム全体）に用いるのは，全体の戦略を決めるときである。たいていのシステムには，まず第一に雇用枠や時間枠の限界がある。そして，集合体としての人数（教師数＋児童・生徒数）もある。与えられた時間を人数に平等に割り振ると，1人何分だろうか？　どのようにえこひいきして，どこに手厚く関わるとコスパが良いか？　定められた枠内で最大人数にパフォーマンスを発揮する戦略を立てなければならない。

そのなかで，個別に認知行動療法を行うことは，逆説的に一番優先順位が低くなる。何か他の資源（例えば医療や，適応指導教室や，放課後等デイサービスや，塾や，地域の独自の活動など）の利用を促進することが全体の介入のコストパフォーマンスを上げるなら，積極的にそれらを活用していくべきだ。さ

らに逆の逆に，自らのセラピー技術を用いることが最大限のコストパフォーマンスを発揮すると判断するならば，ためらわず行うべきだ。そのためには，起こった問題がどれほどの困難度なのか，自分以外の資源の使える／使えない度合いに加えて，自分の心理の技量がいかほどなのか，何回でこの問題を解決できるのかといった予測の確度が必要になる。

▌生徒は自分から相談に来ない

そもそも，スクールカウンセリングに自主的に訪れる児童や生徒はほとんどいない。これは，児童や生徒の年齢が，「自分の困りごとを把握し，まさに心の困りごとであると同定し，その解決にスクールカウンセラーを利用するのがよい」と判断するには幼いからである。実際そのような判断は，大人のメンタルヘルスの問題においても難しいわけで，子どもはスクールカウンセラーにかかるかどうか判断する能力を持ち合わせていないと考えるのが妥当である。

しかし，子どもが自分から「スクールカウンセラーに相談したい」と言ってくることは，全くゼロではない。私も数回，本人からの相談を受けたことはある。それらの相談は，特にスクールカウンセラーで扱わなければならないほどのものではなく，おそらく教師が対応したとしても十分にこなせる悩みごとであり，もっと言えばむしろ教師が対応した方が妥当な困りごとであった。したがって，生徒からの悩み相談はたいていシングルセッション（単回）の相談になり，教師に報告を上げて終了となる。

生徒主体の相談はおしなべて軽いものが多いのだが，たとえ児童生徒からの希望であっても，そのような相談にスクールカウンセラーの時間をたくさん割きすぎてはいけないからだ。一定の児童生徒を抱える学校は，疫学的にかなりの量のメンタルヘルスの困りごとを抱えており，本来そこにたくさんのコストを割かなくてはいけない。そういった"より重い"困りごとが全て解決したら，"より軽い"困りごとに時間を割いても良いだろう。しかし，たいていそんな暇はない。

したがって，いろいろな困りごとを抱えた学校の，いろいろな困りごとを抱えた教師に，「○○くんからこんな相談があって，こんなふうに対応しておきましたー」とにこやかに報告すると，きっと教師は「ありがとうございます。

そのように対応していただいて○○くんもうれしかったと思います」とリップサービスで答えるだろうが，内心では「こっちは忙しいのに，スクールカウンセラーは暇でええなあ」とか「あんまり役に立たないなあ」「まあでも，活用したアリバイができて良かった」と思っていることだろう。

　スクールカウンセラーの仕事は，児童生徒が楽に暮らせる手伝いのみならず，学校や教師が楽に暮らせる手伝いでもある。スクールカウンセラーは自分の労働時間を何に費やして，学校全体がどのように好転するのか，マクロな視点を持って仕事を選ぶ必要がある。つまり，「スクールカウンセラーのおかげで，学校全体のパフォーマンスが何％向上したか」が勝負のしどころなのである。

　ところが，児童生徒から持ち込まれる相談というのは，重たくないので楽でもあり，楽しくもある。恋愛相談なんかをされた暁には，キャッキャ・ウフフと舞い上がってしまうのかもしれない。しかし自分のプライベートな時間ではないので，スクールカウンセラーで相当高い報酬をもらうに値する時間の使い方だったか，倫理的に問われなければならない。

▎学校でのポジションの築き方

　学校でポジションを築く方法はいくらかある。例えば大学の教授であったり，精神科／心療内科／小児科の医師であったり，教育委員会でアドバイザーをしていたり，社会的地位の高い仕事についている場合，学内で意見が通りやすく，管理職との交渉もうまくいく。ただし多くのスクールカウンセラーは地位もなければ偉くもないので，偉いカウンセラーの「ワシはこうやっている」という話を聞いても全く参考にならない。

　「アドバイザー／ご意見番」みたいなことを仕事だと思っている人間は，どの業界であっても胡散臭がられ，基本的に信頼されない。例えば生徒と面接して，「この子にはこういうところがあるので，こういうところを注意した方が良いですよ」みたいなことをいけしゃあしゃあと言うスクールカウンセラーに，教師は「なるほど〜，よくわかりました。ありがとうございます。やっぱり見ていただいてよかった」と口では述べるだろうが，内心では「何の役にも立たねえな」と軽蔑されていると思って良い。何らかの難しい専門用語で意見してくるスクールカウンセラーに，学校や教師が信頼を寄せることはない。相談対

象の児童や生徒がはっきりと改善したときにのみ，初めて学校や教師からの信頼が生じるのだ。

教師という仕事は，いろいろ過酷であったり，苦労が多かったりもするが，結局それをやっていけるのは「子どものことが好き」という軸があるからで，そこにはほとんどブレがない。だから少なくとも，「スクールカウンセラーに任せたら子どもが良くなった」という経験こそが教師に響く。

教育的・心理的なそれっぽいウンチクを垂れる人間はどこの世界にも大量にいて，子どもの心や発達についてあらゆる説が垂れ流されている。教師に大量に課せられている夏休みの研修などもそんな話ばかりだ。要するに教師は教育的・心理的なウンチクに飽き飽きしているので，さらに付け加えてスクールカウンセラーのウンチクなど欲してはいない。

ご意見番をもう一歩越えてさらに煙たがられるのは，教師をあれこれ動かそうとするスクールカウンセラーである。ここは難しいのだが，最小限のコストで最大限のリターンが返ってくるような，コスパの良い意見であれば，受け入れられなくもない。しかし，ただでさえ業務の多い教師に，さらに業務を増やす方向でアドバイスをすることは，基本的に得策ではない。もし教師サイドから「1人の生徒にそんなにコストを割くことができない」などと言われたとしたら，教師からそんな意見を引き出してしまうスクールカウンセラーの働きかけは，害悪である。「それならできそうです。やってみます」と明るい気分で言ってもらえる提案をすることがスクールカウンセラーの仕事である。

▎立場を作る／立場を壊す——架空問答から

抽象的な話をしていても仕方がないので，スクールカウンセラーとしての立場を作っていくような話や働きかけ，逆に立場を壊してしまうような話や働きかけを，架空問答として紹介してみよう。

立場を作る——架空問答1

SC「この子と面談したら，〇〇という点が見受けられたので，それはこちらサイドでケアしておきました。話をして一旦は落ち着いたと思います。親御さんと話す許可も本人からもらえたので，後で

電話して〇〇について家庭でも□□をしてほしいとお伝えしておきます。先生にしていただくことはないですが，強いて言えば接するときにちょっとだけ△△という点に気をつけられると，本人に情報が入っていきやすいかもしれません。予約枠に余裕があれば，2週間後と1カ月後にアフターフォローもしておきます」

立場を作る——架空問答2

SC「この子は，おそらく心の病気を発病している状態なので，親御さんを呼んでいただければ私から説明して，紹介状を作成し，医療受診を促そうと思います。私の想像では，医療にかかっても現状だと薬は出ないものの，あそこの先生は割と丁寧に紹介状の返事をくれます。それがあると学年の話し合いでも，この子に特別なケアや合理的配慮を行う上で，コンセンサスが得られやすいと思いますし，来年度の通級利用の判断にも材料が得られると思います。環境が整いさえすれば割と落ち着いていられると思うので，ちょっとタイミングが早いかもだけれど，席替えなどをうまく利用して，今苦手になっている子と離してあげると，一息つけるかもしれません」

上のような2つの問答は，教師にとって意味がある助言だ。

上記は架空の問答であるが，このようなやり取りを児童生徒と30分面接して5分で教師に引き継いでいく形で，毎日10ケースぐらい担当して，それを3カ月も続ければ，スクールカウンセリングのシステムは少しずつ形になってくる。

しかし問題は，スクールカウンセリングにおいて，上記のような「教師にとって意味を持つやりとり」は，ほとんどなされていない，ということだ。

スクールカウンセラーから学校や教師に述べられるウンチクは，ほとんどの場合意味を成さない類のものであり，それがスクールカウンセリングシステム全体を毀損している。

試しに別の架空問答で，よくあるスクールカウンセラーとの意味のないやり取りを紹介してみる。

立場を壊す——架空問答3

SC「この子と面談して私は明らかに愛着の問題を感じました。愛着は人間の基本的で重要な問題であり，それが損なわれていることで，教室でいろいろな問題が起こっているのだと思います。先生方もぜひこの子の愛着の問題に理解を示していただくよう，そして損なわれている愛着の問題を一緒に育てていけるよう，ご協力ください」

どうだろう？　何ひとつ具体的ではなく，ただ不安だけが煽られる。何をしたら良いかもわからない。スクールカウンセラーの責任の範囲もわからない。教師が聞けばキョトンとすること請け合いだ。

もうひとつやってみよう。

立場を壊す——架空問答4

SC「引き継ぎ資料からこの子のWISCの結果を見せてもらいましたが，明らかに凸凹していて発達障害の傾向があると思われます。なるべく全ての授業で視覚的な提示を増やして，板書も増やしていただき，できればこの子のために授業内容をプリントアウトしてあげてください。できれば教室の隅に混乱したときに入れる小部屋を作ってあげてください。あと，帰りの会が終わったあとも毎日，翌日の持ち物について個別に確認をしてあげてください」

これは具体的かもしれないが，教師の負担が過剰だ。またWISCの結果がどれほど凸凹していても発達障害とは一切関係がない。

1や2のような問答を続けていけば，自ずとシステムとしてのスクールカウンセリングは整っていくし，3や4のような問答を続けていけば，自ずとシステムが毀損されていく。毀損とは，ありていに言えば，「もうこの人にあてがう生徒はいない」と干されていくということだ。

3や4のようなスクールカウンセラーがどうして干されるのか。それは職業人として責任を取っていないからだ。1や2は，述べたアドバイスによって，児童や生徒は良くなるかもしれないし，悪くなるかもしれない。もちろんなるべく良くなってほしいと思って何かを述べているのだが，悪くなったらスクー

ルカウンセラーのせいということで良い。

　だからといって，3や4のような責任を取らない／責任をなすりつける（つまり教師にとって意味不明な専門用語でケムに巻いたり，無難で事なかれなことを言ったり，到底実現不能な正論を述べたりする）のは，大変まずい。そのような方略自体が失敗である。

　間違っているかもしれないが職業人として踏み込んで意見を述べるスクールカウンセラーと，間違っていないかもしれないが意味のない発言しかしないスクールカウンセラーとでは，本当のところ後者の方がより一層システムを毀損している。

　認知行動療法的に考えてみれば，干されているかどうかは，稼働率でわかる。勤務時間の70％以上に面談やコンサルテーションが入っていれば，干されてはいない。30％以下だと干されている。これはスクールカウンセリングによらず，病院のカウンセリングでも，大学の学生相談でも，周りから「役に立たない」とみなされているカウンセラーは，たいてい仕事を与えられずに干されている。

　私自身，何度か複数人でスクールカウンセリングを行ったことがあるが，予約枠の埋まり方や稼働率にはともすれば10倍程度の差があった。相方のスクールカウンセラーが担当していた唯一の不登校の子は，卒業まで再登校しなかった。私の担当していた十数人の不登校の子は，全員教室復帰して，元気に卒業まで過ごした。私も「不公平だから相方の担当を増やせ」とは言えなかった。ただし，相方の唯一の担当生徒を奪ってまで問題解決をする余力もなかった。もう一人に担当されている生徒は不憫だな，とは思っていた。

　おそらく今現在は複数人でスクールカウンセリングをするシステムは重点校でもない限り見られないと思われるが，そのようなシステム下では，学校や教師は「使える／使えない」であからさまに差をつけてくる。

　利用価値がある／ないについてのアセスメントは，すなわちリソースのアセスメントであり，それが学校全体の見解と一致しているに越したことはない。例えば，あの別室／保健室に入れてしまえば，二度と出てこられない「沼」のようなシステムが学内に存在しているとする。そのことを学校全体が快く思っていない状態で，そこを利用するよう提案すれば，やはり「スクールカウンセラーは何もわかってないな」となり，信頼を毀損することとなる。

　学校の教師が本来すること（授業や，部活や，一般生徒指導）以外の特別な

第3章　スクールカウンセラーを定義する——学校でのポジション・介入のアウトカム　　53

ことをするように仕向けるのは，基本的に良くない。教師は親切にいろいろやってくれるだろうが，本来業務ではないことは，ほんの短い時間だけなら良くても，ずっとその負担が続くと疲弊してくる。

小学校に出向する

　中学校でスクールカウンセラーをしていて痛感したことは，小学校時代から不登校という子が少なくないことだ。特にスクールカウンセラー2年目のとき，「小学校からずっと不登校」の子が大量に入学してきたのには参った。小学校のうちに不登校を解消しておけば良いだけなのに，中学校にまで問題を引きずっているのは，当然その地域の瑕疵だと言える。どのような問題であれDUP（Duration of Untreated Psychosis：未治療期間）が長ければ長いほど，問題解決に時間がかかる。

　そこで，校長先生に「地域の小学校に出向してもよいか？」とお伺いを立てたところ，やや渋い顔をされた。なぜなら，当時は中学校のスクールカウンセラーとして雇われていたからだ。「しかし，ですよ。結局不調のまま小学校時代を過ごして，この中学校に進学してくるんですよ？　さっさと解決しておいた方が，楽じゃないですか？」と説得して，なんとか1学期に1日だけ学区の小学校に出向する権利を得た（私がスクールカウンセラーをしていた当時，小学校のスクールカウンセラーはほとんどいなかった）。

　スクールカウンセラー担当の教師の連絡調整の甲斐あって，学期末に行われる「問題行動を引き起こす子どもたちをどうするか会議」（特別に愛すべき子どもたちの会議，略して「特愛会議」と呼ばれていた）に参加できることになった。会議では，「○○君は□□なところがあってそれは小3頃から……（以下略）」「△△さんはご家庭が現在▽▽で，そのことでご近所のおばあちゃんが◇◇……（以下略）」などと，子どもの困りごとと背景情報を延々と述べつづけていた。15分ほど聞いて，「小学校の先生たちは，なんて莫大な情報を持っているのだ」と感心した。そして，「そのような背景情報は，子どもの困りごとを解決する上で，これまで何の役にも立っていなかったんだな」と感じた。

　私が小学校に出向していられる時間は，この1日を終えたら，次は4カ月後なので，こんな無意味な会議に参加している暇はなかった。

そこで,「ちょっといいですか?　話の腰を折ってすみません。部外者が突然来てあれこれ言うのもなんだと思うのですが……」と挙手した上で謝罪しつつ,「今子どもが何に困っているのか,だけを述べていただければ,問題解決のアイデアをいくつか出しますので,試しにそれをやってみる会にしませんか?」と提案した。

結構いろいろな問題が出され,全てに解決案が当てられた。例えば「給食を自分で食べられなくなっているお子さんは,流暢性の障害をお持ちだろうから,こうしていきましょう」「学校で発話できないお子さんは緘黙をお持ちで,こんなふうにしていくのがセオリーですよ」というように。不登校のお子さんもいたし,怒りを爆発させる子もいた。それらのお子さんの困りごとに,「じゃあこんなことをやってみましょう。それはこんな理屈があるからです。うまくいけば儲けものです。それでダメならこれをしましょう。いずれにしてもこの場合の基本方針は……」とジャンジャン問題と解決を回転させていった。

そうして「教師から子どもの問題が出されて,スクールカウンセラーから解決法が提案される」という,建設的な会議になった後,やがて「スクールカウンセラーからの解決法を,具体的に現場に落とし込むにはどうするか教師がアイデアを出し合う会議」に変化していった。それまでの「特愛会議」は,情報交換というよりはむしろネガティブな引き継ぎと愚痴の言い合いをしているだけの時間だった。

子ども本人を見ているわけではないので,介入のいくらかはあてずっぽうではある。それでもどんな困りごとにもやりようはあるし,さまざまな角度から工夫している限りいつかアタリを引ける。4カ月後の次の学期にも,そのまた次の学期にも行ったときには,先生方のさまざまな工夫が見られて,多くの子どもたちが陥っている困りごとが着実に良くなっていたし,先生方も困りながらも大まかな指針が出て,なんとかなっている様子だった。そしてそのことに,先生方が生徒指導の自信を深めている様子でもあった。

小学校の先生方は,子どもを扱わせたら,スクールカウンセラーの比じゃないぐらいうまい。ただ,いろいろな心の概念や前情報などに惑わされて,かえって方針が立たなくなってしまっていることが多い。だから,あらかたの方針が立つようにコンサルテーションを行うだけで,相当量を教師自身で問題解決できてしまうのだ。スクールカウンセラーはそれを思い出させる触媒であれば良い。

そして，例えば中学生の不登校よりは，小学生の不登校の方が圧倒的に再登校に転じやすい。不登校歴も短いし，親も教師も打ちのめされたり，あきらめさせられたりしていない。不登校に限らず，あらゆる心の問題は小学生の方が解決しやすい（もちろん大人よりは圧倒的に子どもの方が良くなりやすいのは，言うまでもない）。

こうして小学校に出向する日は，会議でもそんな感じで有意義にコンサルテーションができるようになっていた。会議後の教師個別相談タイムも，相談室に待ち構えていると次々教師が来て，ひたすらさまざまな困りごとが噴出した。時には生徒の，時には保護者の，時には教師自身の相談に乗りつづけることとなった。一人が終わると，職員室に帰った教師が別の教師に声をかけるので，「列が終わらないとはこのことか。ていうか，全員来る気なの??」と忙しかった。しかし，その経験でどの教師もいくらかは困っていることがあるのだとわかった（単に「本日限定スクールカウンセリングサービス。本日を逃すと次回は4カ月後」という限定モノに弱かったのかもしれないが）。

私の力不足もあって，ごく稀にどうしても1回で解決しないケースや，直接のアセスメントを必要とする小学生のケースなどは，中学校長の許可を得て中学校まで来てもらって，必要なアセスメントや数回のカウンセリングを行って解決した。

あるとき，いつものように小学校に出向してスクールカウンセリングで小学校教師たちと会議を終えた後に「発達障害の子たちに接する際に，どんな方針を持って臨めばよいのでしょうか？」と尋ねられた。私は「まあ，とりあえず将来的に人類を嫌いにさせない方針でお願いします」と答えた。そうすると，それがツボに入ったらしく，翌年行った際も，「人類を嫌いにさせない方針で，我々頑張ってます！」と先生たちにハキハキ言われた。

勉強より何より，それが大事というか，「人類が嫌い」になってしまうと，無敵の人じゃないけれど，本人の人生もほとんど詰むし，周りもすごく大変になってしまう。少なくとも小学校ではそんなふうに伝えていた。

▍学校そのものをアセスメントして見立てる

学校に赴任したとき，その学校にメンタルヘルスの問題を抱えた人が何人ぐ

困りごと	有病率	現場の推定値	実際の相談	カバー率
うつ病（小学生）	1.4%	10.2人		
うつ病（中学生）	4.1%	14.4人	（10人）	69%
うつ病（大人）	11.6 ± 2.5%	3.2〜4.9人	2人	41〜62%
自閉スペクトラム症	0.9〜1.7%	9.6〜18.2人	10人	55〜104%
学習障害（LD）	2〜10%	21.4〜107人	0人	0%
注意欠如・多動症（ADHD）	3〜7%	32.1〜74.9人	0人	0%
緘黙	0.20%	2.1人	0人	0%
チック	0.05〜0.1%	0.6〜1.1人	0人	0%

表 3-1　疫学からみた困りごとを抱えた生徒数推定と実際の相談数の比較
（傳田健三（2008）児童・青年期の気分障害の臨床的特徴と最新の動向．児童青年精神医学
とその近接領域　49-2 ; 89-100）

らいいると想定して臨むべきかは，疫学や統計が概数を教えてくれる。

　表3-1は，全校生徒が300人の小規模校の場合，各疾患の子どもがどの程度
いるかの概算表である。もちろんこれはバーチャルな数字であるが，この数字
と違ってくるなんらかの特殊な事情がない限り，だいたいそんなものだと考え
てリクルートの計画を立てれば良い。また，与えられている時間数を考えて，
1人当たりどの程度の時間が割けるのかも考えればわかる。

　当時は今ほど発達障害について喧伝されていなかったために，それらへの対
応が学校において必要不可欠であるという認識も薄かった。そこで私は，地域
の早期療育施設に問い合わせ，現在の中学3学年のなかに，かつて療育を必要
とした子どもの数がどれほどいるかを調査した。滋賀県の場合，3歳児健診で
発達上の困りごとを抱えているかもしれない未就学児はピックアップされ，検
査され，必要とあらば公共施設で療育を受けるようシステム化されていた。

　地域の療育施設から「現在そちらの中学校に通われている生徒さんであれ
ば，1年に○人，2年に○人，3年に○人ですよ」と個人情報に抵触しないよう
人数として回答をいただいた。我々は年間の計画を建てて，体制を整えるのに，
まさにその人数がどの程度かを知る必要があった。問い合わせで把握できたボ
リュームを中学校の会議で共有して作戦を練った。

　このようにスクールカウンセラーという事業を行うにあたって，あらゆる手

段で仕事の規模感を探っておく必要はある。特にアクティブな問題を引き起こす子どものみならず、パッシブな（つまり目立たず、問題を起こさず、密かに困っている）子どもの存在を学校に自覚してもらう上でも、有意義な調査であった。

実際にスクールカウンセリングをしていて、どの困りごとのどの人数にアクセスできたのかという充足度は、表3-1のカバー率の列を参照してほしい。例えば、うつ病や自閉スペクトラム症は、推定値と実際の相談数の差が小さく、まずまず拾えている可能性がある。LDやADHDは、その人数の多さとスクールカウンセリング持ち時間の比率から考えて、個別のアクセスを諦めざるを得なかった。

目の前にいる紹介されてきた子のことは当然考えるとして、紹介されておらず発見されていない子が悩み苦しんでいることや、そこへのアクセス方法を考え、さらにはそれらの充足度合いを考えることが、アウトリーチであるスクールカウンセリングには必要だ。

具体的に見ると、当時のスクールカウンセリングの枠組みは1校あたり年間150時間であり、隔週で約25回来校していた。その対象者と私がみなしていたのは約1,100名（中学生350名、小学生720名、中学教師35名）であった。

実際の相談数を見ると、本人または保護者または教師に、直接1回以上面接したのは30名で、教職員への間接的なコンサルテーションは10数名で、直接相談の中学生27名、小学生12名、教師2名の計41名であった。1人あたりの時間は3時間が限度といったところだろうか。逆に言えば2～3回でケリがつけられるなら、私が低頻度・高強度CBTで対応すれば良い。それ以上の時間がかかりそうな場合は、教師や学校や地域のシステムを利用して低強度・高頻度の関わりをサポートすることになる。

▍医療機関もアセスメントする

なかには心の医療機関を紹介して受診してもらうこともあった。精神科疾患の疑いありということで14名の保護者に近医を紹介したうち、12名（85.7%）が受診された。

「受診して診断書があると、学校がオフィシャルにえこひいきしやすくなる」ということが保護者への説得材料だった（「合理的配慮」という便利な言葉は

当時なかった）。

　このことを書くべきかはとても迷うが思い切って書くと，医療機関を受診した12名のうち，医療のおかげで状態が良くなった子はゼロだった。ただし，2名ほどは今で言うところの減弱性精神病というか，ARMS（精神病発症危険状態）というか，将来的にも通院が必要になりそうな可能性を秘めていたと思われるので，この先全く役に立たないわけではない可能性が残されている。障害年金のサポートのためにも初診は必要である。いずれにせよ「医療機関に任せれば，それで問題解決」ということはなく，むしろ何も始まりも改善もしなかった。ゆえに，医療機関を受診した子たちにとって，受診が意味があるかどうか，冷静に判断して期待値を見積もらなければならない。

　かといって医療受診に意味がないのかというと，決してそんなことはない。開業カウンセリングルームに医療機関から紹介されてくる生徒や，別のスクールカウンセラーの話も総合的に聞いて，たまにとてもクリティカルに問題が解決することがあるのは確かだ。しかし，個々の医療機関，個々の医師の問題解決能力には大きなギャップがあるので，地域の児童精神科医療の質はスクールカウンセラーがアセスメントするべき重要事項のひとつである。

　もちろん今も，子どもの臨床をしていて精神科疾患の疑いがあるときは，医療機関を紹介している。しかし，子どもの外来がとても混み合っていることや，逆紹介されて返ってくることを考えると，介入の優先順位としては悩ましいところがある。特に，小児科が十分に身体疾患を除外してから紹介してきて，投薬が有効でない精神科疾患ではないかと思われる場合，そこからさらに激混みの精神科を紹介するかどうか悩む。

　精神科はどこも混んでいるが，とりわけ子どもの心の専門病院の混み具合は凄まじい。新規の患者さんに長い長いウェイティングがあるし，1人に割ける診察時間も短いし，継続受診の間隔も満足に面倒を見られるほどではない。

　精神科医師数は9,500人（1996年）→14,000人（2010年）→16,490人（2022年）と年々増加しているらしいが，外来患者はそれ以上に増えており，診療時間に余裕はない様子である。

　そもそも，その地域の莫大な数の子どもを診なければいけない児童専門の医師が，ある1人の児童・生徒にかけられる時間と，スクールカウンセラーが1校でかけられる毎週数時間の時間とでは，当たり前だが後者の方が手厚いケア

ができる。受診がデルフォイの神託のように，本人の何かが大きく変化するような期待を持っても仕方がない。子どもに使える薬も限られている。限られた症状に，限られた効果があるだけである。繰り返しになるが，スクールカウンセリングは「受診してくれた。後は医者に任せた。肩の荷が下りた」では決して終わらない。医療受診をしようがしまいが，派遣先の学校の児童・生徒のメンタルヘルスの問題に関して，第一に責任があり，最終責任があるのはスクールカウンセラーなのだ。

▌スクールカウンセリングシステムの構築

　スクールカウンセリングにどの程度重きを置くかは，スクールカウンセラー赴任前，教師への分掌を割り当てるときから決定している。重きを置く学校は力量のある教師にコーディネーターの分掌を任せるし，そうでなければそうでない。そこは運不運だが，本質的な学校のメンタルヘルスへの態度が垣間見える。そこはスクールカウンセラーのコントロールが及ぶ範囲ではないので，諦めて受け入れるしかない。

　一方でそれらは，その学校に赴任したこれまでのスクールカウンセラーとの関係性によっても作られているから，総体としてのスクールカウンセラーたちに責任がないわけではない。前任者の振る舞いで，学校や教師は「スクールカウンセラーとは〇〇する人だ」というフィルターを掛けられている。例えば，「不登校をみる人だ」とみなされているなら，不登校の子があてがわれる。「発達障害をみる人だ」とみなされているなら，発達障害の子があてがわれる。学校にもフィルターがあるし，各教師にもフィルターがある（ただ，第2章で見たように，教師のメンタルヘルスの問題をみる人だとはほとんどみなされていない）。そして生徒指導案件とみなされて怠学傾向と判断された場合は，そこに生活リズムの失調があり，抑うつがあり，アンヘドニアがあっても，スクールカウンセラーには回ってこない。

　生徒を認知行動療法で良くすることは，偽悪的な言い方をすれば，学校におけるスクールカウンセラーの立場を良くする手段として効果的である。教師の働きかけではどうにもならない子どもの問題をスムーズに解決すれば信頼感が得られる。しかし，教師から信頼感を得ることもまた，生徒の困りごとを効果

的に解決していく一手段に過ぎない。信頼が厚ければ厚いほど，教師たちは些細な違和感をぽろっと口にしてくれることになるので，早期発見介入が可能となり，介入成績がアップする。

┃ クライアントをリクルートする

　学校でメンタルヘルスの問題を抱えた人は，疫学的（確率的）に一定数存在する。しかし各種のフィルターのせいで専門家にたどりつかない。第1のフィルターは，本人も周りもメンタルヘルスの問題だと気づかない。第2のフィルターは，本人に悩みがあるが，誰にも相談しない。第3のフィルターは，本人は親や教師に相談するが，メンタルヘルスの問題だと気づいてもらえない。第4のフィルターは，相談を受けた者はメンタルヘルスの問題だと気づくが，専門家を薦めない。第5のフィルターは，専門家を薦めてもらっても，行かない（Goldberg D & Huxley P ［中根允文 訳］（2000）一般診療科における不安と抑うつ──コモン・メンタル・ディスオーダーの生物・社会的モデル．創造出版）。

　この5つのフィルターを抜けてきた者だけが，専門家にたどりつくことになる。これらの分厚いフィルターがあることを踏まえ，学校でリクルートを行うことになる。

　第1のフィルター「本人も周りもメンタルヘルスの問題だと気づかない」を乗り越えるためには，啓蒙活動をするしかない。学校の教師や生徒，保護者に心の病気に関する知識はほとんどない。例えば，ある小学校に訪問相談に行ったとき，「あの子はしゃべらないだけで，別に問題はないです」と俎上に載せられない緘黙の子がいた。私は職員室でたまたま小耳に挟んで「ちょっと待った！」と言って，困りごととして拾い上げられたものの，そうでなければスクールカウンセラーに担当は回ってこなかっただろう。教師を含む一般人はメンタルヘルスの問題を，性格（あがり症，神経質など）と解釈している。それは知識がないだけの話なので，スクールカウンセラー通信を発行したり，心理授業を行ったり，折に触れて教師との接点を多く持ち，「クラスにこんな子がいまして……これはカウンセリング案件でしょうか？」などと相談してもらえるようなチャンスや相談しやすさ，風通しの良さをたくさん作る必要がある。

　第2のフィルター「本人に悩みがあるが，誰にも相談しない」は，特に小さ

い子どもの場合は自ら悩みを持っていると自覚し，他人に打ち明ける能力がない。悩み相談ボックスみたいな箱を置いて相談を募集するという試みがほとんど成功しないのは，そもそも子どもに悩みを相談する力などなく，子どもの悩み相談能力を誤解しているからだ。子どもの悩みを親や教師が発見し，うまく取り扱う必要がある。

第3のフィルター「本人は誰かに相談するが，メンタルヘルスの問題だと気づいてもらえない」は，深刻である。特に教師や，上司や，小児科医や，内科医などのゲートキーパーにあたる大人は，何が子どものメンタルヘルスの問題であるかについて，より知識を持ってほしい。例えば，私が職員室で教師としゃべっていたときに，日直の女の子が来て，日誌を渡しながら少し話して帰っていったのだが，軽い過呼吸を起こしていた。生徒が帰ってから教師に「あれは過呼吸でしたね」と話しかけたところ，「え？」とキョトンとされた覚えがある。「過呼吸とは何か」がわからないと，生徒の様子がそれに相当するかどうかもわからない。

これには，逆バージョンもある。強迫症状に困る小学生のケースで，それほどの困難もなく強迫症状は収まり，治療終結となった。その後，担任から丁寧な御礼の電話があったが，そのときの会話は印象深い。

> T 「西川先生，ありがとうございます。発達障害の困りごとが綺麗になくなるなんて，びっくりしました」
> 私「いや，彼と接していて，発達障害の気配を感じることは全くありませんでした。ただ強迫に困っていたので，それに沿ったアドバイスをしただけです」
> T 「え？？　そうなんですか？　でも母親は明らかにADHD傾向の人ですよね？」
> 私「いや，重ね重ねすみません。母親は毎回面談に入っていましたが，ADHDの気配を感じることは全くありませんでした」

やり取りはさておき，この教師は，何らかの違和感を察知することはできているのかもしれない。そして昨今の教師は全ての違和感を「発達障害のせい」だと思っているフシがある。

この第3のフィルターを越えられるように，教育・啓蒙を行うことがスクールカウンセラーの最も重要な仕事のひとつだ。私のアウトリーチの経験上，これはスキルアップ可能なものだ。きっちりとした仕事，つまり生徒がどのように見立てられ，どう介入され，どんな作用機序で，どう良くなったのかについてフィードバックを受けつづけた担当者は，メンタルヘルスの問題に対する探知能力がとても高くなる。そして，問題発生から間もない時点で，早く確実にスクールカウンセラーに生徒を連れてきてくれる（あるいは相談してくれる）ようになる。繰り返しになるが，あらゆる病気において，未治療期間（DUP）が長いほど悪化し，予後も悪くなる。裏を返せば初期介入が早ければ早いほど，軽度で済み，早く良くなる。むしろ，スクールカウンセラーとしてアウトリーチに出向いているのは，DUP短縮のためだ。早く見つけて，早く介入すれば，早く良くなる。これは真理である。

　第4のフィルター「相談を受けた者はメンタルヘルスの問題だと気づくが，専門家を薦めない」は，複合的な問題である。教師はスクールカウンセラーを信頼しているか？　スクールカウンセラーへのアクセス方法は容易か？　教師はスクールカウンセリングを勧める良いやり方を知っているか？……などである。ここも，スクールカウンセラーの業務としては多量のコストを割いて然るべきところである。

　一番楽で抵抗も少ない勧め方は，「きまり」である。「1週間に3回休んだ子は，1回スクールカウンセリングを受けるきまりになってるんよ」と言えば，「ああ，そんなもんか」というぐらいで普通に来てくれる子は多い。学校はきまりを作るのが大好きで，どんなきまりでも捏造できる。「親御さんがお亡くなりになった子は……」「万引をした子は……」「教室を4回飛び出した子は……」など，とにかく日本人はきまりに弱い。

　ほかに抵抗が少ない勧め方は，「ついで」である。何かことが起こったときに，「先生はきまりでスクールカウンセラーに説明しないといけない。でも，うまく説明できるか自信がないから，ついでについてきて，もし違ってるところあったら首を振るだけでも良いからサポートしてくれない？」などと，援助を求めると助けてくれることがある。「お腹が痛いから，なかなか学校に行けないんだろう？　来週ちょうど，子どものお腹の痛みにすごく強い専門家が学校に来るから，ついでに一回みてもらわない？」などもある。私自身，リクルートの

ために何度か謎の専門家になってみて思うのだが，「たまたま」とか「ついで」とか，偶然性のある誘いに人は弱いものだ。

上記の2つの例は，「試しにそういうことをやってみてはどうですか？」という提案ではない。「リクルートに一切手段を選ぶな」という提言だ（もちろん，耳を引っ張ってくるなど暴力的な手段は論外だが）。私は，部活を教えに来たコーチのふりをしたこともあるし，手品師のふりをしたことだってある。教師が最もその子を引っ掛けられると思った方法で引っ掛けて，スクールカウンセラーの前に連れてきてくれれば，その方法は何だって良いのだ。

第5のフィルター「専門家を薦めてもらっても，行かない」に関して，学校に現在登校している生徒であれば，ほとんどない。授業であれ，部活であれ，委員会であれ，学校はガバナンスの相当強い組織なので，来るはずの子が来ないことはまずなかった。

▎ 対応策を決定する

コンサルテーション

私がコンサルテーションに力を入れる必要性を感じはじめたのは，とある学校でスクールカウンセラーをしていて，年度をまたいだときだった。例によって年度内に担当していた全ての不登校生徒は教室復帰した。そして同じ学校に翌年度も行くことになっていて，「ようやく軽症例に手が施せそうだ」と思っていたが，何のことはない，新学期が始まってみると前年と同じぐらい不登校の生徒がいるではないか。昨年教室復帰した子らが再休学したのではない。彼らは卒業したか，継続的に登校を続けている。新入生や在校生の子たちが新たに不登校となっているのだ。

前年度は私が個別のカウンセリングを駆使して，保護者や本人に認知行動療法を用いることによって不登校を解消していた。しかしこれでは，焼け石に水ではないか。学校システムを改変して組織的に不登校に対応できるようにしないと，この増えつづける不登校問題にスクールカウンセラーが独力で立ち向かうことがいずれ無理になると感じた。そこで，前年と同じような介入を，今度は個別のカウンセリングを極力行わない方向でやってみた。もちろんなかにはどうしても個別のカウンセリングが必要なケースもある。個別対応の方が早い

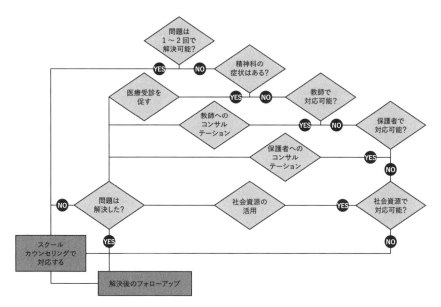

図 3-1　スクールカウンセリングのストラテジー

かもと思う場合でも，可能な限り，学校と教師の力でなんとかなるように，コンサルテーションやサポートに徹しながら成果を上げることに挑戦してみた。

そのためにはなるべく多くの子どもを回してもらってチェックした上で，できるだけ自分以外に割り振っていくことが必要だった。教師・学校との連携も密にし，医療機関の利用，薬物療法の併用なども考慮し，適応指導教室，別室，親の会なども積極的に利用した。

その結果としてコンサルテーション多めであっても皆が教室復帰し，その方が教師たちも自信を深めたようなので，こちらの方が良いと感じた。ただ誤解がないようにと思うのは，これは個人的な技術でも不登校問題を解決できることという，いわば応用編としてのコンサルテーションである。自分の技術でそもそも解決できないことを教師にあれこれ言うスクールカウンセラーは，つまり丸投げしているのと同然なので，煙たがられるだけである。

職員室で暇そうにする

　職員室でのんびりした雰囲気を出して，「スクールカウンセラーさん，暇なら，ちょっと相談に乗ってもらおうかな？」という声のかけやすさを醸し出す必要もある。バタバタ忙しく振る舞っている人に，些細なことで声をかけるのはためらわれる。私は猛烈に忙しくしていたが，同時に暇そうなふりをすることもまたうまくやっていた。まだ学校の敷地内でタバコが吸えた頃だったので，よく喫煙室に来た先生たちから生徒の細かい相談を持ちかけられたものだ。

不登校親の会を開く

　スクールカウンセリングをサービス残業0で乗り切るために，月に1度は17時から20時という時間帯で勤務して親の会を開いた。親の会には，小学校の不登校の親御さんも参加していた。我が子が不登校であるというのは親としても肩身が狭いもので，親同士の関わりにも気が引けるものだが，不登校の親同士は暖かなピアサポートやノーマライゼーションの場をつくって機能した。親がいくらかでも安心して慰められる場があることは，子どもに対して介入していく上で大切な原動力になる。

　このような不登校の親の会で，ある母親が「子どもが病院を受診し，診断を受け，障害特性に応じたアプローチを始めてからずいぶん良くなった」という話をとうとうと述べたことで，他の母親も，そんなに医療受診によって良い影響があるものなのかと受診行動がアップし，障害受容の気持ちも上がったように思われる。

　親たちは不登校の子どもが良くなるためなら，基本的に何だってする。むしろ「子どもの役に立ちたい」と強く思っているのに，何をしたら良いのかわからない状態にある。そこで，適応指導教室と組んで，楽しいイベントをいくつか企画した際も，すごくノリノリで楽しそうに企画を手伝ってくれた（後述）。

リップル効果を狙う

　良い影響が波及するリップル効果を狙う手立てもある。小学校からずっと不登校のAさんとBさんは仲良しで，いつも家で一緒に過ごしている。ということは，どちらかが登校しさえすれば，もう片方も登校するはずだと検討をつけた。やりやすい方からアプローチしようと教師と相談して，より学校に興味があるB

さんと先生が交換日記を開始するという方法からスタートした。そこにどんどんいろいろな先生も加わっていき、1カ月半ほど人に慣れたところでBさんが別室登校しはじめた。当初の予定通り、つられてAさんも別室登校を開始した。

適応指導教室を利用する

　私の勤めていた学校の地域には適応指導教室が設置されてはいたものの、専門性を持たない地域の行政担当者が、週に2日ほど居場所を開放しているだけで、大して利用者もいなかった。しかしそれもまた、社会資源ではあるので、あれこれ相談して楽しい栗拾いのイベントや、お菓子作り教室のイベントを開催して、不登校の子どもたちを一網打尽に適応指導教室に通わせることに成功した。

　不登校の子どものなかでも、歴史が好きな子や、こだわりを持っている子が多かったので、栗拾いのイベントのチラシには歴史のウンチクを社会科の教師にやたらと盛り込んでもらったり、イベントの中身や手順や準備物などを丁寧に書いてもらったりしたのも良かったかもしれない。もちろん栗拾いやお菓子作りのイベントには、不登校のふの字も入っていないし、適応指導教室のての字も入っていなかったが、あらかじめ親の会の皆で悪巧みしておいたので、親たちは全員知っていた。

　拾った栗の重さを測るために適応指導教室に移動して、ちょっとくつろいだあと、卓球などして子どもたちで楽しんだらしい。そうすると、あんなに「適応指導教室なんて行かない！」と言っていた子らも、もうすでに行っていて、しかも意外と楽しいと知ってしまったことになる。その後は栗を使った美味しいお菓子作りを学校の調理室で行って、ドサクサに紛れて学校復帰を果たした。

　私は勤務時間の制約上、どちらのイベントにも参加していないが、かなり盛況だったらしい。さもありなん。栗を拾って、お菓子を作って、食べるとか、幸せな時間以外の何物でもない。カルタが好きな子もいたのでカルタ大会なんかも企画してやってもらったが、これも盛況だったらしい。

　余談ではあるが、そのときの適応指導教室のスタッフがその後なにかに目覚めてしまい、「もっとこの地域の適応指導教室を充実させるべきだ！」と行政や市長に直談判に行くようになり、そのあまりの激しさにクビになってしまったのは、なんとも申し訳ないことをした感じがした。

別室登校で1人の課題が別の子たちにも流行る

別室登校のある生徒が「就寝・起床・登校のセルフモニタリング」課題を出されて，それをやっているのを見た他の子たちも「やってみたい！」となり，結局別室登校の全員がすることになり，結果的にみんなの生活リズムが整ったということもあった。これもリップル効果のひとつだろう。

Topic 子どもへの薬物療法

子どもの心の病気に対して，薬物療法はどの程度効果が見込まれるだろうか？　そのことに関しては国際児童青年精神医学会（IACAPAP）の発行している "IACAPAP TEXT BOOK" に詳しい（IACAPAPテキストブック翻訳委員会：https://iacapap.cbtcenter.jp/）。誰でもWEBで読めるし，一部は日本語訳されているので，子どもに関わる仕事をする人は全員一読されると良い。

老若男女を問わず，最も人数が多い心の病気はうつ病だが，それは子どもでも同じである。疫学的な有病率で言えば，自閉スペクトラム症の子どもの10倍の人数が存在する。それら子どものうつ病の問題に対して，諸外国において第一選択になるのは認知行動療法である。薬物療法は，「プラセボと差がない」説や「ほんの少しのメリットとデメリットがトレードオフされるだけだ」説がある。

例外的にADHDの多動症状に対して薬物療法はとてもよく効く。もし本当にADHDであったならば，薬物療法は第一選択に置かれることだろう。しかし，ADHDも過剰に診断されたり，過少に診断されたり，今のところ落ち着かない状態である。

▌アウトカム評価

ある学校で1年間のスクールカウンセリングを通じて不登校の生徒がその後どのようになったか，スクールカウンセリングのアウトカムとして図3-2に示した。全体のアウトカムを示すことなく部分的に語るのは，パブリケーションバイアス（出版バイアス）を引き起こしかねない。第4章の事例報告でも基本

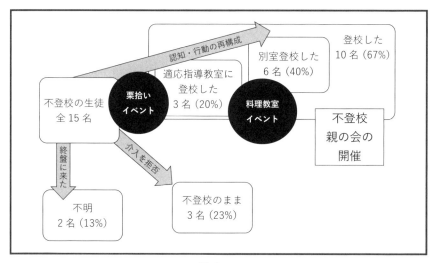

図 3-2 不登校介入のアウトカム

的にケース介入の最初から最後までを書き切ることにしたのは，都合のいいところを切り取って提示したのでは，介入の実際があやふやになると思ったからである。

　全校における不登校生徒数は15名だった。そのうち私のスクールカウンセリングを受けてもいいことになったのは12名で，うち9名は適応指導教室や別室登校を経てから，うち1名は直接で，計10名が教室復帰した。スクールカウンセリングを受けたくない3名は不登校のままであった。任期終了間際に新たに2名の不登校生徒の相談に乗ったが，その後の経過は不明だった。

　私に与えられたスクールカウンセリングの時間から考えても，不登校生徒の数が多かったので，個別の対応は極力減らして，集団療法を行うことにした（詳細は前述のコンサルテーション参照）。イベントや別室運営を社会復帰のためのリハビリとして活用することで，教室復帰へと軟着陸できたものと思われる。それらを可能にさせたのは，不登校親の会という，いわば親御さんへの集団療法であった。

生徒の自死とその対応

「事件」のはじまり

　ここからは，スクールカウンセラーをしていて，生徒自死の問題に遭遇した
スクールカウンセラーの手記という形で話を進めていきたい。生徒の自死を防
げなかったことは，スクールカウンセラーとして100％の失敗だ。ここからは
失敗談について語ろうと思う。なお，以下の事例では個人情報・団体情報はほ
ぼ改変してある。

　この後のカウンセラー人生で，私はこのような自死など惨事ストレスによる
システムの緊急支援に多く関わることになるのだが，これがその最初の出来事
であった。

　ある晩，仲の良い新聞記者と飲んでいると，記者の携帯電話が鳴った。漏れ
聞こえる話からは，中学生が自死したらしい。職場デスクと翌朝の取材の段取
りを済ませているようだった。

　　　私「ちょっと聞こえたんですが，子どもの自死ですか？」
　　　記「そうですね。中学生らしいです」
　　　私「そうですか。痛ましいですね。ちなみに，私はスクールカウンセ
　　　　　リングをしているのですが，だいたいどのあたりの中学校ですか？」
　　　記「〇〇地方の中学校ですね」
　　　私「……私は，〇〇地方の中学校でスクールカウンセリングをしてい
　　　　　るのですが，ぶっちゃけどこの中学校ですか？」
　　　記「内緒にしてくださいね。△△中学です」
　　　私「なるほど，マズイですね。まさに私が今行っている中学校ですね。
　　　　　いやはや，それは大変なことになってるだろうな」

　というわけで，夜はかなり遅かったが，コーディネーターの教師に電話をか
けた。

　　　私「もしもし，西川です。夜分遅くすみませんが，何かお困りごとは
　　　　　ありませんか？」

コ「え？　先生？　先生が今この時間に電話をかけてきたってことは，
　　つまりご存知だってことですか？　どうして??」
私「いや，まあ，それはなんと言いますか，小耳に挟みまして」
コ「そんな！　先生に電話するとしたら，コーディネーターの私だし，
　　私は電話してないし。だれか他の者が電話しましたか？」
私「いや，まあ，学校ではない独自ルートで小耳に挟みました。それ
　　はさておき，とりあえず学校ではどうすることになってます？」
コ「今，緊急で集まれるものだけで集まって，話し合っていますが，
　　翌朝□□時から職員会議で話し合うことになります」
私「まあ，じゃあ，緊急事態ということで，勤務日ではないですが，
　　明日の朝は私も行きますね」
コ「本当ですか？　助かります！　よろしくおねがいします」
がちゃり。つー，つー，つー……
私（これはおそらく，本来なら私は呼ばれる立場ではなかったな）

　自死した生徒は，私がカウンセリングをしたことのない子だった。候補とし
ての名前も挙がってきてなかった。後から聞けば，希死念慮の訴えや，抑うつ
症状はあった様子だが，生前それらが私の耳に入ってくることはなかった。つ
いでに言えば，その子の担任は生徒を1人もスクールカウンセリングに回さな
い教師だった。つまり，学内の心の困りごとをきちんととらえるスクールカウ
ンセリングに戦略的に失敗していたということだ。
　まあしかし，反省と後悔はいつでもできるが，この緊急事態において全く当
人を知らない部外のスクールカウンセラーだからこそすべきこと，できること
もある。それは，さらなる被害拡大を食い止めることだ。
　翌朝の職員会議は，相当混乱していた。警察やメディアへの対応もしなけれ
ばならない。生徒への対応もしなくてはならない。担任教師は心神耗弱状態だ。
それを支える学年の先生方からも「生徒に何をしゃべったらよくて，何をしゃ
べったらいけないのか，そのことすらわからなくなった！」と悲鳴が上がるな
ど，混乱は極まっていた。
　もはや職員会議の体をなしていない状態を，管理職も管理し切れない。そん
な状況を15分ぐらい観察してから，もうこれは仕方がないとあきらめて，校

長教頭に許可を取った上で職員会議をジャックすることにした。

> 私「皆さん聞いてください。スクールカウンセラーの西川です。今までの話を聞かせてもらって，いくつか提案があります。まず，対外的な話。これは校長教頭に一元化して，対応してもらうということで，他の先生方は答えないことにしましょう。次に，内側の話，すなわち本日これから登校してくる生徒たちにどのように対応・説明するかです。これは，どうやら各学年で温度差があるように見えます。そこで，今から10分ほど各学年ごとに分かれて，各学年で対応を協議いただいて，10分後に全体でシェアすることにしませんか？」

校長，教頭，学年ともにOKだったので，しばらく別れて話し合うこととなった。私はその間，管理職と話をした。

> 私「差し出がましいことを言ってしまってすみません」
> 校長「いえいえ助かりました」
> 私「いやはや，大変なことになりましたね」
> 校長「そうですね。まあでも，今回の件に関してはいじめはなかったということが割とハッキリしているので，メディアからの追求がそこまで激しくないんです」
> 私「そういうものなのですか？」
> 校長「そうですね。私も初めて聞いた話ですが，いじめが関与している自殺ということになれば，メディアは相当食いついてくるようです。今回そうでなかったということで，ニュースソースとしては使えないのか，記者たちはスッと引いていきましたね。まだわかりませんが」
> 私「(確かに昨夜の記者も「いじめで自殺となれば全国記事になる」と言ってたな) なるほど。そうなんですね。じゃあ，対外的には一旦落ち着いているんですね」
> 教頭「そうですね。教育委員会やPTAなど，まだいろいろありますが，

そちらはひとまず大丈夫そうです。学校でこの件をどう扱って
いくかについては，まだまだこれからです。部活もかなり頑張っ
ていた子なんで，同じ部員も心配です」

私「故人の所属していた部活の部員については，放課後までに，コー
ディネーター，顧問，私で対応を考えておきます」

教頭「よろしくおねがいします」

　そうこうしているうちに，各学年で意見がまとまってきた。故人の所属して
いた学年以外の学年では，各担任がクラスで故人が亡くなったという事実だけ
を告げ，妙な噂話にならないようにする。気分や状態が悪そうな子がいれば，
保健室へと誘導するので，養護教諭やスクールカウンセラーが対応する。

　追って葬儀などの連絡もあるから，親しい者は参列するだろう。それは各家
庭の判断にお任せする。全校集会や学年集会は本日は開催しない。故人の所属
していた学年では，1時間目の授業を学級活動に変更して，故人が亡くなった
ことを伝える。学級として葬儀においてクラスメートにできること（寄せ書き
や手紙など）を考えて，話し合う。担任は失声失歩の解離発作中で言葉が出る
状態ではないので，その様子を見て生徒たちがかえって混乱しないように，学
年主任が代行する。

　……と先生たちは何とかまとめ上げたようだった。

私「それで大丈夫だと思います。じゃあ，なんとか今日一日を乗り切
りましょう。私は本日一日中学校にいるので，困ったことや，わ
からないことがあったら聞きに来てください」

　……と専門家として太鼓判を押した。

　この日は，珍しく校内を巡回したが，いつもの2倍は生徒たちは騒がしく，
異常にテンションが高かった。「これが躁的防衛か！」と思ったのを覚えている。

　所属する集団内に発生した自死によって，絶望や，後悔や，自責や混乱が極
まった現場において，これが正しい対応というのはない。しかし，皆が皆，藁
にもすがりたい気持ちでいる。そんなときに一瞬の浮力を得られる藁としてそ
の場にいることは，スクールカウンセラーの責務だろう。私自身，今でもこの

時のことを思い出して，「スクールカウンセラーとして自死を防げなかった」
という後悔や自責の念にさいなまれる。故人と直接関係ない私ですらそうなの
で，自死の直前まで接触があった教師たちの思い，クラスメートや同じ部活の
子の思いは桁違いに強く，心を蝕みつづけていることは想像に難くなかった。

　そんなわけで，この日から約1週間，他のいろいろな仕事に融通をつけて，
学校に通い詰めることにした。これは，特に予算が下りるでもなく緊急でそう
した。まあ，この事件ほどの重みで必要とされる仕事もないだろうから，後の
スクールカウンセリング時間を食いつぶすのも致し方ないと思っていた。しかし，
後から緊急支援の分の時給を特別に加算して出してもらえることになり，おか
げで残りのスクールカウンセリング時間が全部吹っ飛ぶということがなくなっ
て良かった。さらに加えてもう少し，残された者たちのメンタルヘルスに使用
する時間までもらえた。

サイコロジカル・ファーストエイドとトリアージ

　今でこそすっかり有名になった「サイコロジカル・ファーストエイド」だが，
その頃は日本語原版のさらにまた草稿のようなものがあるだけだった。コネを
駆使してなんとか手に入れ，読み込みながら参考にして，今後の対策を立てて
いった。といっても，それは大規模災害やテロなどが主に想定されているもの
だったので，特定の場所における自死対策にはマッチしないところも多々あっ
た。しかし，私自身も藁にもすがる気持ちだった。

　数日経ってから地域のスクールカウンセラーのスーパーバイザーのポジショ
ンにいる人が来て，「この時期の子どもには自殺って案外あることなのよねー。
疾風怒濤の時代って言うのよー」と，完全に益体もない話をして帰ったのが，
とても印象に残っている。何の役にも立たないとはまさにこのことだ。しかし，
私のなかのスクールカウンセラーのイメージはそのような「感想述べ屋さん」だっ
たので，スーパーバイザーからして筋金入りだなと思った。

　いただいた緊急支援用の時間を使ってまずは，個別面談対象を定めるために
トリアージとスクリーニング検査を行うことにした。

　トリアージの方法は，故人が生前仲の良かった生徒たちのピックアップである。
これは，担任，学年の教師，部活の顧問などを中心にリストアップが行われた。

　スクリーニングの方法は，全校生徒に対する抑うつと不安とトラウマ反応の

心理検査である。事前に保護者に書面で検査と面談の同意を得た上で，全校生徒に調査を行い，得点の高い全員と面談することにした。生前の関係性によるトリアージだけに留めなかった理由は，すでに周りの大人が自死者が出るほどのメンタルヘルスの大問題を見逃していたからである。

　スクリーニングの結果，普段スクールカウンセリングをしている生徒たち，教師が気に留めている生徒たち，故人と親しかった生徒たちなど，しんどさの見当がつく生徒たちのメンタルヘルスはやはり悪かった。

　一方で，教師たちが何の見当もつかない，かつメンタルヘルスを損ねている，想定外の生徒が数名いた。その子たちのスクリーニング結果の数値が悪いことについて，教師たちは驚き，「いや，そんなはずないんですけどね……普通に学校生活送っていますけれどね？」と不思議がった。

　スクリーニングに引っかかった想定外の生徒たちとも面談を行ったが，実際にメンタルヘルスが随分悪かった。うち1人は少しネグレクト気味であり，うち1人は性別違和であった。しかしそれらの生徒も普段は普通そうにしており，普通を擬態できるだけの能力を持っていた。このことから私は，スクールカウンセリングをはじめ，アウトリーチで心の仕事をするにあたって，教師のトリアージに頼りすぎるのではなく，スクリーニング検査を取ることは大事だと実感した。特に子どもは，大人と違ってSOSを出したりヘルプを出したりする力がまだない場合が多い。そもそも自分がSOSを出すべき状況なのかも，全然判断がつかない。

　そして，さらに，2カ月ほど経った後で，故人と親しくないのでトリアージに引っかからず，スクリーニングにも引っかからなかった他学年の生徒が，学校のトイレで自分のベルトで縊死未遂を起こした。この時も職員室に強烈な緊張が走ったことを覚えている。当然個別に面談したが，故人との関係はなく，抑うつ状態ではなく，混乱して衝動的にそうしてしまったということであった。自死は伝染する，とはよく言ったものだ。実際自死の統計によると，ハイリスク群からだけではなく，ローリスク群からも自死者は出現する。後に聞かされたことであるが，この中学校の学年は小学校のときにも同級生の死に曝されていた。だから，スクリーニングも絶対的なものではなく，ものの見方を多角的にする一要素に過ぎない。

モーニングワーク

　部活の生徒たちを集めて，故人を偲ぶ会ということでモーニングワーク（喪の作業）も行った。これは参加自由にしていたが，結局のところ全員が参加した。そんなに大したことをしたわけではない。急性ストレス障害について簡単な心理教育を行い，そのような症状が起こっても起こらなくても，正常の範囲内だというノーマライゼーションを行い，故人について語っても語らなくても大丈夫な時間を作ってピアサポートを促した。それらが必要なものだったか，十分なものだったかはわからないが，とにかくはそのようなことをした。

　同級生の自死は，子どもにとって扱うのが難しすぎる問題だ。大人であっても，昨日までしゃべっていた同僚が自死したら，どうしたらいいかわからなくなる。故人についてしゃべっていいのか？　しゃべったらダメなのか？　泣いてもいいのか？　泣いてはダメなのか？　むしろ泣くべきなのか？　泣かないと人としてダメなのか？　症状が出るぐらいが人として普通なのか？　症状が出たらおかしいのか？　そんな折には，どうであっても全く自然なことだから，それで大丈夫なんだよとノーマライズのサインを出しつづけるしかない。

　これら数々の対応策は，当然生徒たちのためでもありつつ，同時に教師や学校のためでもあった。自死やそれがもたらすトラウマは，人間がなんとなく持っている「世界が安全だ」「世界が平和だ」「だいたいなんとかなる」というポジティブな信念を剥ぎ取ってしまう。「いつ何時，どんな悲惨なことが起こるかわからない」という世界観が襲ってくる。迷子になっているときに，普段の何倍も時間や体力を消耗するように，教師をやっていく上で，言動や行動に自信がない迷子の状態で教育活動をするのは，恐ろしく消耗することだろう。

　だから，自死後の対応として当たっているか外れているかはさておき，ともかくもスクールカウンセラーとして次々と手を打って，なんらかそれらしいデータで示して，失われてしまった学校全体の心理的安全性を，一刻も早く取り戻さないといけないと感じていた。自死は防げなかったのだから，せめてそれぐらいはしなければならないと。そのためにはまず，とりわけ教師たちの心理的安全性を取り戻す必要があった。教師の安定なくして生徒の安定はない。学校内で緊急事態が起こったときにはなおさらそうだが，普段においても教師の心のケアをそれとなく行うことが，結局のところ広範囲に生徒の心のケアを行う上でベストチョイスだ。

当県には自死対策チームがあり，自死者が出たときは駆けつけることになっている。しかし，チームは県にひとつしかなく，日常業務も多忙な人たちが兼務でやっているので，緊急支援にはならない。本件に関しては，自死発生から1カ月後にチームが学校にやってきた。そして，私が打った一通りの対策を聞いて，「やるべきことは全てすでになされているので，もう我々がやることはない」と帰っていったらしかった。私はあちこちの別の仕事に融通をつけて学校の緊急支援を優先した結果，緊急性が緩和したら逆に他の仕事が溜まりすぎて，チームには結局会うことがなかった。

　その後のさまざまな緊急支援でもそうだが，惨事ストレスが発生したときは万障繰り合わせて，一目散に駆けつけて対処することにしている。火事の消火活動と同じで「初動が最も大事」だ。初動が遅いと燃え広がるし，燃え広がったあとは一見鎮火しているように見えて，どこかで種火がくすぶりつづけていることもある。そして，ずいぶん後になってからだと，全体的になんとなく「危機は去った」みたいな緩みが生まれ，支援に必要な対策を専門家が指示しても，聞き入れてもらえる可能性が下がっている。鉄は熱いうちに打て，ではないが，職員室をジャックするなども，大混乱だからこそ通じたのであって，そうでなければ職員会議でスクールカウンセラーが幅を利かせるなんて無法行為が通じるはずもない。

　その後，伝統的なモーニングワークである通夜や葬儀もなされ，参るべき人はお参りした。何人かのストレス障害を発症している生徒に関しては，間隔を開けて数回のカウンセリングを行い，症状が無事に収まっていることを確認し，教師に報告した。今なら，職員室でもトラウマの尺度を採ったであろうが，当時は採らず，不備があった。教育委員会に確認したところ，自死遺族はスクールカウンセリングの対象ではないようなので，教師を通じて自死遺族の会を紹介するに留めた。

残された作業

　残る作業は2つあった。ひとつは，自分のメンタルヘルスを保つこと。もうひとつは，学校で高まりすぎたスクールカウンセラーの権威を落とすことである。

　哲学者のニーチェは「怪物と戦う者は，その過程で自分自身も怪物になることのないように気をつけなくてはならない。深淵をのぞくとき，深淵もまたこ

第3章　スクールカウンセラーを定義する——学校でのポジション・介入のアウトカム　　77

ちらをのぞいているのだ」と述べたが，人を自死に追いやる病はまさに怪物である。自死は伝染性の側面を持つと言われ，その周辺にカタストロフィを引き起こすし，モーニングワークでそれを引き受けつづけることで，カウンセラー自体も受傷する。私は表面上は平静を装っていたし，学校の誰よりも故人との関係性が薄かったが，その対応過程においては代理（二次）受傷していたと，当時を振り返って思う。ただ，当時はそのことにうまく気がつけずにいた。家族や友人などに守秘義務に抵触しない範囲で自己の苦痛について愚痴をこぼすことや，お金をある程度使って好きな遊びをすること，他人との接触を増やして生きている実感を得ることなど，自覚的かつ積極的にコーピングを取る必要があると思う。

　学校でポジションを築く話をしてきたが，この自死の案件以降，スクールカウンセラーの権威は私が必要と思う以上に高まりすぎていた。有り体に言えば，スクールカウンセリングの邪魔になるほどの権威は不要である。教師はスクールカウンセラーの戯言なんて半分聞き流しつつ，半分ヒントにしてもっと良い生徒への関わりを自ら模索してくれるぐらいの方が良い。権威というものは，自分の意見を通しやすくなるので，それが気持ち良くなってしまう者もいるだろう。しかし，どちらかと言えば私のなかのスクールカウンセリングのイメージは心の雑用係であって，決して管理監督者などではない。緊急事態で急遽イニシアチブを握らざるを得なくなったが，平時に戻ればそのような不要な権利をお返ししなければならない。しかし，権威は得ていくことはたやすくとも，お返しすることは案外難しい。

　これは認知行動療法全般に言えることでもある。認知行動療法はそのスタートにおいて権威的に教育し，指示を出し，管理する。しかし，治療の中盤から終盤においては，いい感じにフェードアウトしていって，もはや必要とされなくなるように仕向けていく必要がある。そうでなければ永遠に頼られてしまい，かえって本人の自律性をスポイルするし，依存を招くし，百害あって一利なしである。

　学校で高まりすぎてしまったスクールカウンセラーの権威のちょうど良い落とし方については，仕事をサボるとか，いい加減にするというわけにもいかないが，意見を控えめにし，より教師の意思決定を尊重し，判断を仰がれても曖昧に返事し，頼りない感じを装うことはできる。当時の事件で私がスクールカ

ウンセラーとしての自信を喪失したぐらいだから、教師がその自信を喪失している程度はもっと甚だしかったと思われる。だからこそ、それらが回復するように、より教師の生徒への関わりを尊重し、称賛し、励ます形でスクールカウンセラーからの先導的な介入を控えていくことなどが、緩やかに権威をお返しすることにつながると思う。

しかし、そのような心配をよそに、次の年からスクールカウンセラーは臨床心理士に限られることとなり、私は臨床心理士ではないのでお払い箱となった。今流行りの雇い止めである。組織においても異動という制度は「せっかく慣れ親しんだものを、また別のところにやる」という短期的なデメリットを抱えつつも、長期的には癒着や固定化を防ぐというメリットがある。

そうして私のスクールカウンセラー人生は終わったのだが、公認心理師時代になったこともあり、再び職につく可能性は出てきている。

「スクールカウンセリングをもう一度してみたいか?」と問われると、まあ悪くない仕事だと思う。子どもはすぐ良くなるし、問題や病態は軽いし、教師も親も熱心なことが多い。公認心理師であれば給料もダンピングされないだろう。

しかし、令和の世の中におけるスクールカウンセラーのあり方も、また私が初期に行っていた頃とは随分変わっているだろう。きっとよりスマートに宛てがい扶持を食べているに違いない。

第4章
認知行動療法の事例検討会
5つのケースとディスカッション
....

　第4章は事例検討の章である。臨床は閉じた世界なので，セラピストとクライアントの二者関係でどんな間違いが起こっていたとしても，そのままでいられる危うい世界だ。その危険性を防ぐために，第三者の目を入れる必要がある。その方法は，録音や録画，陪席などの直接の観察でもいいし，事例をまとめて学会や地域の勉強会で報告し，複数の人に検討してもらうのでもいい。どちらの修行も私の臨床の礎になっている。この章の臨床描写の密度にばらつきがあるのは，発表した場の背景文脈の違いを反映している。

　そういった意味では，何よりも事例報告を許可してくれたクライアントたちに感謝したい。なお，当然のことながら個人情報などはほとんど改変してある。

　本章は単なる「事例報告」の章ではなく，私が事例を提示して，認知行動療法を学ぶ意欲のある臨床家たちに，あれこれ疑問を呈してもらい，それに応えていくという「事例検討」の形を取っている。わかりやすいとは言えない実臨床の姿が，そうしたやり取りを通じて少しでも咀嚼しやすくなればと願っている。

　よくある架空事例というものは，架空というよりその療法にとってのご都合主義なだけであって，リアリティがないために，誰の参考にもならない。「そうはならんやろ」と呆れられるだけである。

　それゆえ，なるべくリアリティを損ねない程度の改変にとどめ，全体の流れに関係ないような，枝葉末節も省かずに書くようにしたり，言葉のやり取りなども多く盛り込んだりしている。無駄な部分も多いと感じられ，かえってややこしくもあるのだが，実際のところ臨床はややこしくも雑多な情報のなかから，必要なピースをすくい上げて作り上げるものなのだ。

　事例によっては，そのときにセラピストが考えていたこと，感じていたことまでも記載している場合がある。こんなことを考えながら臨床しているんだと笑覧してほしい。

まとめると，本章は「私が提示した事例に，臨床を学んでいる有志による質問が投じられ，それに私が応答する」というスタイルで書かれている。質問者は，認知行動療法についてくわしい人もそうでない人も，臨床の初学者から中堅どころまでが参加してくれた。そのことによって，事例報告を理解し咀嚼する上でたくさんのヒントが散りばめられているはずだ。

第4章　認知行動療法の事例検討会──5つのケースとディスカッション　　81

▍事例Ⓐ　特定の話しかしない子

事例紹介

　中学2年生のA子さんは無表情でボキャブラリーが少なく，それほど一般的でない趣味の話を多くする子であった。コーディネーターに勧められてカウンセリングに訪れ，話を聞いたところ，クラスメートにからかわれ，いじめられているということだった。そこで担任にそのことを相談して，対策をお願いしたところ，担任は「"いじめ"という言葉を使用しなければ，いじめは存在しない」という，教師によくある態度を取っていた。

教師に認知再構成を試みる

　まずは担任に対して対話による認知再構成を試みることにした。

　　〈私はSC，担任はT〉
　　SC「先生，A子さんのことでちょっと困ってるんです。カウンセリ
　　　　ングのなかで彼女が『自分はいじめられてる』って言うんですよね。
　　　　それって事実なんですかね」
　　　T「私にもA子さんはそう言ってきてますけど，まあいじめっていうか，
　　　　本人もちょっと変なところがあるから，からかいの対象になりや
　　　　すいだけだと思いますけどね」
　　SC「そうですよね，彼女は相当変わってますよね。例えば先生も何か
　　　　彼女とのそういうエピソードをつかんでおられますか？」
　　　T「例えば私と話してても彼女は趣味の和楽器の話しかしないんで
　　　　すよ。こっちが興味なくても，ひたすら和楽器の話ばっかりで
　　　　……。他の子から話を聞いてもだいたいそんな感じで，友達も引
　　　　いてしまってるんです」
　　SC「コミュニケーションが難しいお子さんなんですね」
　　　T「そうです。だからまあ，いじめというか，変わってるから友達と
　　　　うまくいかなくても，ある程度仕方ないかなって思います」
　　SC「なるほど，先生からしてみれば，彼女が友達とうまくいってない
　　　　のには，それなりの理由があるというわけですね」

T「そう思いますよ」

SC「ちょっと変な例え話で申しわけないんですが，もし先生のクラスに"生まれつき左腕がない"生徒がいて，その障害ゆえにからかわれていたとしたら，その子に"左腕がない"という理由があるので，からかわれても仕方ないって感じですかね？」

T「いや，それはそうじゃないでしょう。それは明らかにいじめですよ」

SC「じゃあ，もし先生のクラスに生まれつき興味が非常に限定されている障害を持った生徒がいて，その"興味が偏っている"障害ゆえにからかわれていたとしたら，その場合はどうでしょう？」

T「当然それもいじめでしょう。A子さんは障害をもっているんですか？」

SC「そこは非常に難しいところです。私は個人的に怪しいと思っています。でもA子さんは暴れるでも，教室を飛び出すでも，学校を休むでも，体調不良があるわけでもなく，ただ妙なだけで，医療受診のうまみがないので勧めにくいのです。でもきっとよくいじめられるでしょう」

T「なるほど」

SC「ただ，どうなんでしょう，先生。A子さんが障害ゆえにからかわれていたとしたらいじめで，ただの妙な子だからからかわれていたとしたら，いじめじゃないんでしょうか？　妙な子はからかってもオッケーですかね？」

T「あー，まあ，そう考えればダメですね。わかりました。ちょっと学年の先生と相談して何とかします」

　介入の結果，担任と学年主任と教育指導担当で話し合いが持たれ，いじめに関する学年集会が開催されたことで，A子さんに対するからかいやいじめはなくなり，本人の表情は前より断然明るくなった（担任談）。

観察や体験を通じた学習

　しかし，そのようなケースワークによって，A子さんの雑談レパートリーが増加したわけではない。そこで，再びA子さんに来談してもらい，雑談スキルを向上させることを目的として「話しかけ行動観察表」をつけてもらった（表4-1）。

これは，人に話しかけるのが苦手な方に，いつ，誰が，誰に，どんな話題で話しかけているかをひたすら観察してもらうものである。

あまりにも会話の苦手な子どもは，当然，話をする際のTPOもわからない。話すことへの緊張感や不安が，話す際に周囲を見回す余裕を奪うからだ。苦手な人に対しては，自分が話そうと気負うことで却って混乱してしまうので，むしろ聞く（観察する）ことができない。そこで自ら話しかけるのはまず置いて，他人同士の会話を観察する側に回ってもらう。

そのように「自分が話す」に伴う緊張から切り離して，他人同士の会話を観察（モニタリング）させることで，冷静に話しかけるのに適した時間や場所，話題や相手についての知識をじわじわ増やしてもらうのだ。

	いつ	どこで	誰と誰	話題
1	／　：			
2	／　：			
3	／　：			
4	／　：			
5	／　：			
6	／　：			

表 4-1　話しかけ行動観察表

A子さんがクラスメート同士の会話を観察して集めてきた記録のなかには，テレビ番組の話題や，部活の話題，近所のお店の話題など，多彩な話題があった。そのなかから，A子さん自身が「自分の生活に取り入れても構わない」と思える話題を選択してもらい，生活のなかでそれらの話題を集めてもらった。結局，クラスメートがよく話しているテレビ番組を雑談の予習として観はじめ，話題のレパートリーも徐々に増えていった。最終的にA子さんには，友達もできて安定した様子であった。

観察や体験を通じた学習はとても大事である。こんなときに，「あなたは話題が少ないから，もっとクラスの友達が観るようなテレビを観なさい」と親や教師が述べることは，単なるスポイルであって，本人への援助にならない。な

ぜなら援助とは，生活のなかで本人が選ぶべきものを選べるようにすることだからだ。

教育場面に置き換えて考えればすぐわかる。

　　生徒「先生，この問題がわかりません」
　　先生「ああ，その答えは25だよ」

　……というやり取りは，教育的でも，カウンセリングでもありえない。どのように本人が問題を発見し，解決していくプロセスをたどるのかが重要で，認知行動療法とはまさにそのプロセスを明示することに重きを置いた心理療法である。

　本人が自分なりに選んだかのように，こちらの意図をひそかに忍び込ませる技術が大事で，認知行動療法ではそのような技術を「ソクラテス式問答（産婆術）」と呼んで重視している。

　教師に対しても「それはいじめだから対策してください！」と詰め寄ることは愚策であろう。相手の意向を受け止めた上で，何がいじめと言えるのか，どのような思考プロセスで考えていくのか，対話を通じてお付き合いしていくことが大事である。

　また，A子さんが発達障害を持っているかいないか，診断が必要かどうか，受診が有益かどうかについては，意見が分かれるところだと思う。私にとってはA子さんが「機能回復すること」が全てであり，他のことは全てその手段であると考えた。その上で，おそらくこの場合のA子さんの受診は，本人の機能回復に有益な手段とは言えないと判断した。

事例のまとめ

　A子さんのことで印象に残っているのは，コーディネーターの教師が言った「あの子，笑うんですね」というセリフだ。コーディネーターの教師がA子さんに「今日はスクールカウンセリングがあるよ」と言ったときにA子さんはにっこり微笑んだのだが，「彼女の中学生活を通じて，あんなにニッコリ笑った顔を見たのは初めてだ」とコーディネーターの教師は好意的に言ってくれた（それはそうかもしれないけれど，「"あの子，笑うんですね"はないな」と心のなかで思った）。

大声を出したり，暴れたり，教室を飛び出したり，比較的アクティブな困りごとを抱えた子は構われやすい。だが，黙っていたり，友達が少なかったり，積極的でなかったりするパッシブな困りごとを抱えた子は見逃されやすい。しかし，とても困っているのはどちらも同じなのだ。いずれにせよ，教師という職業は，子どもの素敵な笑顔でイチコロになる職種である。

Q&A

例え話が絶妙でとても納得しやすい内容だと感じましたが，こういった話は事前に考えているのでしょうか？ それともその場で思いついたものなのでしょうか？ 心がけていることなどがあればお聞きしたいです。

認知再構成とソクラテス式問答の用語の使い方の違いを教えてください。認知再構成とは，あくまでも協働的な対話で相談者の認知を扱いやすくする，かつ感情マッチングシステムかなと思うのですが，どうでしょうか？

認知再構成は問題を抱えた本人に対して実施するものだと思い込んでいましたが，本人を取り巻く環境や，本人に影響を及ぼす人に実施することもあるという点はこれまでになかった視点でした。
この認知再構成は1回のみの実施だったのでしょうか？ それとも，何度か教師とのセッションを終えた後での認知再構成だったのでしょうか？

ソクラテス式問答をうまく使いこなすための練習法などはありますか？

会話はその場で思いついたことではありますが，構造はよくあるソクラテス式問答です。認知再構成はごく普通の会話のなかで誰もが体験することであって，本人や，親や，教師や，セラピストの認知は必要に応じて時に再構成されたりします。

認知再構成とソクラテス式問答の関係は，目的と手段の関係です。しかし，認知再構成も問題解決という目的のための手段です。

いずれにせよ，道具の使い道を狭くとらえる必要はないかと思います。スクールカウンセラーは有限回数の仕事なので，なるべくミニマムに余計なことをしないようにしています。うまく使いこなす練習は，やはり自分にも他人にも認知再構成をたくさん実施することです。

* * *

「話しかけ行動観察表」を実施されてから，どれくらいの期間，何回の面接で友人ができ安定された様子になったのでしょうか？

「話しかけ行動観察表」への導入にはやり取りが大事な気がしてきました。A子さんのモチベーションはどこにあったのでしょうか？

「話しかけ行動観察表」はどのような言葉かけで導入されたのでしょうか？ それに対するA子さんの反応はどうでしたか？

第4章　認知行動療法の事例検討会——5つのケースとディスカッション　　87

A子さんは話題を増やしたのち，どのようにして話しかけにいくかなども，ホームワーク（課題）の観察から学んだのでしょうか？

話題の偏りもありますし，ひたすら話をする，相手の反応を見ない，という側面もあったように思いますが，それも改善したのはなぜですか？

一方的に自分の趣味の話ばかりしては会話にならない，というA子さん自身の気づきが他の話題への関心には必要だったのではと思いますが，どのような言葉のやり取りでA子さんは気づきを得ていったのでしょうか？

課題1回で安定しました。導入はきっと教室に忍び込んだスパイのフリとかしてもらったのだろうと思います。古き行動療法の格言に，できない理由の1番は「方法がわからないから」，2番は「不慣れだから」，そして3番目に「モチベーション」と言われて，モチベーションが問題となることはごくわずかです。一般的なSSTのように，話しかけるという行動を要素分解して，心理教育した感じです。本人は真面目にうなずいてました。
振り返りは，調査結果を2人で確認しながら，やってみても良いなと思う話題に丸をつけてもらったぐらいです。アルバート・バンデューラの社会的学習理論によると，A子さんは「会話」や「話題」や「展開」を観察して初めて，自分の行動のなかに「適度な会話」を取り入れることができたのかもしれませんね。

*　　　　*　　　　*

Ａ子さんでもなく，いじめの当事者でもなく，なぜ担任がターゲットだったのか？ なぜ認知再構成なのか？

 教師がストンと腑に落ちて態度を改めたのがあざやかでしたが，事前にはどのあたりまでやり取りの行方を想定できていたのですか？

 こういう学校環境であれば，いじめの再発を心配してしまいます。自分なら本人がヘルプを出す行動を形成，あるいは周囲のリソースを拡大したいと思ったのですが，いかがでしょうか？

 教師や支援者が思い込みで対象者に不利益を与えていることって多いと思います。そこの視点を変えてもらう介入がスマートになされていると思いました！

 自分がセラピストだと，教師とのやり取りでイライラしてしまうことがあります。セラピスト自身の状態もしっかりとモニタリングし，感情に気づき，その上で教師とのラポールを形成し，Ａ子さんの支援に繋がるような適切な対応をしていくといった，セラピスト自身の内側との向き合い方も大事だと思いました。

 Ａ子さんのいじめは誰からの情報なのでしょうか？ スクールカウンセラーの動きがわかっていないのですが，教師と話をすることは，Ａ子さんと共有しなくてもいいんでしょうか？

第4章　認知行動療法の事例検討会——5つのケースとディスカッション　　89

クラスのマネジメントに対して責任を負っているのは担任で，逆に担任を通さないと学校では筋が通りません。A子さんの手には余る事柄でしょうし，そもそもいじめと呼ぶべきかもわからなかったので，事実確認の必要もありました。その結果，いじめというほどでもないが，合理的配慮（当時その言葉はありませんでした）もない，という感じでした。この後，学年主任も併せて，3人で学年集会について話した記憶があります。

いじめというには，たしかにビミョウな部分もあって，正確に表現すればA子さんを周りが持て余していたのだろうと思います。今回の件は誰にも悪意がなく，単純なボタンのかけちがえのようなものだったと思っています。会話は生ものなので，事前に想定するということはしないのですが，想定していたゴールに近づくように会話を進めていきました。イライラ感を覚えるのもまた人として自然なことだとは思いますが，私の場合，それが介入の硬直を招くようなら自ら認知再構成のコラムを書きます。

A子さんがカウンセリングでいじめられていると言っていたので，「先生にも確認してみるね」と伝えています。その後，学年集会があったので，スクールカウンセラーの相談内容とつながっていたとしても不思議ではないです。ただ，いじめに対応するのは大人の責務なので，A子さんの情報許可の是非で対応を変えることはありません。

　　　　　　　　＊　　　　＊　　　　＊

まずは環境調整をした上で，A子さんに「話題を増やしてください」といった答えを提示するのではなく，そのプロセスを実際に観察学習の形で体験してもらうというように，カウンセリングの外側の資源を最大限に活かしていくことが大事だと感じました。

安全な場所でないなら安全にするのが大前提ですし，環境を揉んでおいた方が後のスキル取得の成功率も上がります。話題そのものは陳腐化していくけれども，周囲から話題を得るスキルの獲得プロセスが大事なので，それがあれば，高校に行っても会社に入っても，多少の応用が効くと思います。また困ったとき，観察しても良いですし，誰かに相談してもいいですしね。

＊　　　＊　　　＊

自閉スペクトラム症の方でも社交不安症の方でも，このように相手の話を聞くことや観察ができてない人は多いので，シンプルだけど，このケースはとてもわかりやすくてビギナーセラピストにはためになると思う。特に教師とのやり取りも。

一方的に自分の趣味の話ばかりしては会話にならない，というA子さん自身の気づきが他の話題への関心には必要だったのではと思いますが，どのような言葉のやり取りでA子さんは気づきを得ていったのでしょうか？　将来学校を卒業したり，環境が変わった際に，また同じように「話しかけ行動観察表」で予習する必要があるのかな，と疑問に思いました。

「話す」という行動はあまりに当たり前なので，なかなか客観的に捉えることが難しいです。気づきなど内省的な関わりではなく，「クラスメートとの話題作りのためにあえて自分の時間を割く」という，いわば"年貢を払う"みたいな行動レパートリーがプラスされたのだと思いま

第 4 章　認知行動療法の事例検討会——5 つのケースとディスカッション　　91

> す。雑談にはいくらか予習も必要かもしれないけれど，一定の流行りに乗っかっておけばある程度しのげる，と思ってもらえればいいかなと考えています。自然な自分の興味だけで足りないときは，工夫して増やすこともできる，ぐらいですかね。
> 一般的にも，友達に勧められて観たテレビドラマに案外ハマることだってあるので，興味の広がりは他人があってこそだと思います。

　　　　　　　＊　　　＊　　　＊

> A 子さんの当初の主訴は，クラスでからかわれていること，いじめられていることだったかと思います。おそらく本人は，"雑談スキルの向上"をニーズとして考えていなかったかもしれませんが，このような行動観察表を記録するに至ったモチベーションが気になりました。

> A 子さんはカウンセラーとの会話で初めて（少なくとも中学 2 年生になって）楽しい経験ができたのではないかと推察しますが，カウンセリングで A 子さんはどのようなことを楽しみにされていたとお考えでしょうか？

> A 子さんが行動観察表を書こうと思ったのは，誰かと歩調を合わせてしゃべることが楽しいという経験を積んだからではないでしょうか？
> また，たぶん趣味の和楽器の時間は楽しいと思います。少なくともカウンセリングでは A 子さんの味方をしたので，味方だと思われたのかもしれません。

* * *

A子さん自身は，自分が和楽器の話ばかりしてしまうことをどのように認識していたのでしょうか？

A子さんは単に興味が偏っているだけで社交不安などではなかったのでしょうか？ いじめられたりからかわれたりしていた子は，話題の観察はできてもそこから「話しかける」までには大きな差があって，なかなか時間がかかる気がします。ここは省略されているだけで，曝露やSSTなど他の介入もあったり，わりと時間をかけたりされたのでしょうか？

A子さんは，無邪気に自分の話したいことを話していたのではないかと思います。偏った話題ながら果敢に話しかけては玉砕しているというか，みんなどうしていいか困っている感じでした。だから，わかりやすいネタで話しかけてもらえるようになって，みんなも一安心したのではないかと思います。このまま会話の失敗が続いていけば社交不安も併発したかもしれませんね。

第4章　認知行動療法の事例検討会──5つのケースとディスカッション　　93

▎事例❸　お腹が痛くて学校を休みがちな子

事例紹介

　スクールカウンセリング中にお会いしたBくんは，中学1年生男子。先生曰く，もともと線の細い子で，まじめに考えすぎる傾向があるとのことであった。「腹痛を訴えて，たびたび学校に来ない」ので担任教師からオファーをもらった。学校での過ごし方は普通で，それなりに友達もいて，楽しくやっていて，部活も真面目に出ているとのことだった。

　放課後，母子ともに学校で面接開始した。母親曰く，「まだ学校に行けていた頃も，毎朝長時間トイレにこもっていた」らしい。

　以下に1回目のカウンセリングのやり取りの一部を紹介する。

カウンセリング1回目

　　SC「お腹が痛いのは不便やねえ。痛い時とか，痛くない時とかあるの？」
　　　B「ずっと痛いです」
　　（慢性疼痛のクライアントに疼痛の波を聞くと，「痛い時／痛くない時」を聞いても，「そんな時ない」と突っぱねられるため，「痛い／もっと痛い」に質問をチェンジ）
　　SC「ずっと痛いんだね。時々すごく痛くなる時と，普通に痛い時ってある？」
　　　B「すごく痛くなる時はある。学校に行く前とかはすごく痛い」
　　SC「ここ最近は学校に来てないと思うけど，今はお腹痛いのマシ？」
　　B母「今でもこの子は毎朝ご飯を食べて，授業の準備をしてカバンに詰め，玄関まで行くんですが，そこから何度もトイレに行ったり来たりで，先に進めないんです」
　　SC「（……なんてまじめな！）なるほど。お腹が痛いのに邪魔されて，せっかく学校行こうとしても行けないのは，困ったものだねえ。図で書くと，こんな感じなのかな？（図4-1）」（ケースフォーミュレーションを作成）
　　　B「そんな感じです」
　　SC「じゃあ，この問題を解決していくために，いつ，何している時，

どれぐらい痛いのか，この紙に書いてきてくれる？ 10点満点
で痛い方が10点で」
B「わかりました」

　その後，課題として，何をしている時，どれぐらい痛いかを観察する「痛み
の観察表」を出した。
　登校準備行動を①→②→③→④→⑤と順番に進めていくうちに，腹痛が発生
する。そうすると，玄関のドアを出て通学する行動の代わりに，腹痛を処理
する痛み行動⑥→⑦→⑧が発生し，玄関のドアではなくトイレのドアを開けるこ
とになる。そうこうしているうちに学校に行くのは無理だと諦めてしまうので
はないかと私は考えた。それをまとめたのがケースフォーミュレーション①（図
4-1）である。

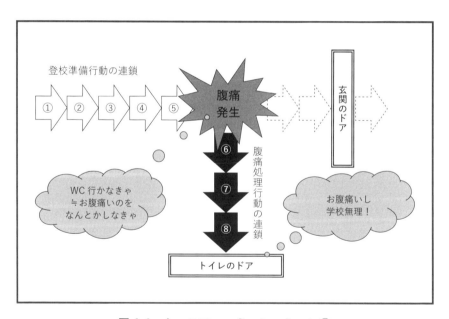

図4-1　ケースフォーミュレーション①

カウンセリング２回目

B「こないだ言われた『痛みの観察表』を書いてきました」

SC「書いてきてくれてありがとう，ちょっと見せてね……。あれ!?痛いのって登校前にだけにあるんじゃなくて，もっと日中も，休日もずーっと慢性的に腹痛があるんだね」

B「はい，そうです。ずっと痛いです」

SC「なるほど，それは大変そうだねえ。ちなみにBくんは自分で痛みを観察して書いてみてどう思った？」

B「痛い時とマシな時がある」

SC「そうだね。痛みの持続時間は，記録を見てみると……平均30分ぐらいかな。痛くなった後，どうしてマシになるんだろう？」

B「わかんない」

SC「まあそうだよね。痛くなるのもどうしてか"わかんない"し，マシになるのもどうしてか"わかんない"よね。Bくんの言ってるわからなさは全く正しいよ。でもまあこうやって痛くなったり，マシになったりしながら毎日過ごしているわけだ」

B「だいたい毎日そんな感じ。でも，痛くなりそうな時は何かする前から痛くなる」

SC「ん？　それは本格的に痛くなる前に，ちょっと痛くなるサインのようなものがある（前駆症状）ってこと？　それとも『これをすると痛くなるだろうな』と予想すると，それだけで痛くなる（予期不安）ってこと？」

B「何かする前に『痛くなるだろうな』って考えたら余計に痛くなって，結局止めちゃう」

SC「なるほどー，『痛いかも』って予想することが，痛いのと関係してそうだねえ。じゃあ次はそういう前もって予想して考えることについて取り組んでみようか」

　Bくんは痛みに波があることは理解できた。1回目のカウンセリングで作成したケースフォーミュレーション①は，登校行動との関係性で腹痛が発生しているものであった。確かにそのような増悪はあるが，観察結果からはより広範

囲で腹痛が発生していた。本人の証言をもとにすると、それらに「腹痛予期」が関係しているようだった。そこで、登校準備という外的刺激だけではなく、腹痛予期という内的刺激も事態の悪化を招いているという悪循環モデルにケースフォーミュレーションを修正した（図4-2）。あわせて、そのような連合を解除する方法を探るべく、予期を含めた観察課題を出し、それらのデータを取りながら、予測的中率を使って連合を外していくことにした（図4-3）。

　課題として「腹痛予期観察表」（表4-2）を試してもらうことになった。何かをする前に、予想として「マシになる／変わらない／痛くなる」の3つのうちどれかを選んでもらい、その後、実際「マシになった／変わらなかった／痛くなった」のどれだったかを選んでもらう課題である。

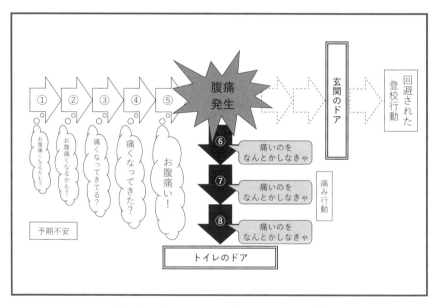

図 4-2　ケースフォーミュレーション②

第4章　認知行動療法の事例検討会──5つのケースとディスカッション　97

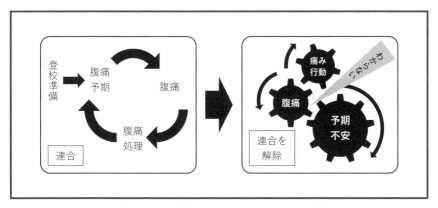

図4-3　ケースフォーミュレーション③

日時・場所	何かする事	予想	実際
		マシになる	マシになった
		変わらない	変わらなかった
		痛くなる	痛くなった
		マシになる	マシになった
		変わらない	変わらなかった
		痛くなる	痛くなった
		マシになる	マシになった
		変わらない	変わらなかった
		痛くなる	痛くなった

表4-2　腹痛予期観察表（「痛くなる予想」が当たるかどうかの実験）

カウンセリング3回目

　B「こないだ言われたのを書いてきました」

　SC「おお，書いてきてくれてありがとう。今からちょっと集計するね……。集計結果を電卓で計算すると……痛くなると予想して，実際痛くなった時は32％で，痛くなかったのが68％かな？　予想って70％ぐらい当たらないもんだねえ。Bくんは今回の課題をやってみてどう思った？」

B「思ってたより痛くないことは結構あった」

SC「要するに『マシになる』って考えようが，『痛くなる』って考えよ
うが，実際痛くならないのが68〜88％ぐらいなんだね」（表4-3）

的中		実際		
		マシになった	変わらない	痛くなった
予期	マシになる	52%	36%	12%
	変わらない	35%	49%	16%
	痛くなる	23%	45%	32%

表4-3　予期と実際の的中率

　Bくんは登校準備をしながら痛み予測，すなわち「お腹が痛くなるだろう」
を募らせていき，徐々に実際腹痛が起こって，さらに「やっぱりお腹が痛くなっ
た」とエスカレートして，最終的に「もし登校に向かえば，きっと大変な痛み
が襲ってくるだろう」という予測（認知）の確信度が最大になっていた。また，
それが予期（認知）であるというメタ認知も曖昧であった。その耐え難さから，
トイレにこもったり，玄関で動けなくなったりしていた。スクールカウンセラー
は当初登校と腹痛の連合を仮定したが，データを取ってみると，慢性痛は登校
前のみならず，休日を含む日常生活全般に見られることがわかった。

　そこで，何かの行動をする前に，「痛くなる／変わらない／マシになる」の
予期をしてもらい，実際に痛み予想が的中するかを試す「予期と実際」の行動
実験を行った。

　結果のデータをカウンセリングで扱いながら，「予期は必ずしも痛みと一致
しない」「予期があっても，痛みがあっても，ひどくなるかどうかやってみな
いとわからない」という体験を，スクールカウンセラーとBくんでお互いに確
認することとなった。

　この際，行動実験で誘導を試みる認知が「そんなに痛くないということがわ
かった」なのか，「そんなに痛い予想が当たらないとわかった」なのかは，似
ているようで違っており，どの認知にターゲットを当てるのか，場合によって
使い分けられる。このケースは，本人の「わからない」という合理的な認知を
伸ばす形で展開したと言える。

カウンセリング4回目

4回目のカウンセリングで，スクールカウンセラーから「じゃあ玄関の扉の向こう側では予測や痛みがどうなっているかわからないので，観察してきてください」と課題を出したところ，予測とは違っていてあまり痛くなかったとのことで，そのままBくんは登校を再開した。以降はほとんど休まず登校できており，教師からの報告もまずまずであった。翌年，別の用事でBくんの所属する部活動を訪れたときに，ものすごい笑顔で近づいてきたので，元気でやっていそうだった。その後も，卒業まで休むことなく登校したようだ。

認知行動療法は，とにかく主訴（痛みのモニタリング，痛み行動のチェック，痛み行動で得ているもの／逃れられていること）を大事にする。主訴で述べられているものが，どれぐらいの強さ，どれぐらいの頻度で出現している困りごとかをモニタリングしてもらう。このケースでは腹痛だが，頭痛であろうが，腰痛であろうが，耳鳴りであろうが，飛蚊症であろうが，抑うつであろうが，パニックであろうが，幻覚であろうが，希死念慮であろうが，主訴の質と量をモニタリングすることは認知行動療法において最も重要なポイントである。

事例のまとめ①──ケースフォーミュレーション

スクールカウンセラーは事前には「登校前だけお腹が痛くなるのかな？」と勝手な想像をしていたが，Bくんの不便はもっと日常生活全般に及んでいた。しばしばセラピストは勝手な想像（妄想）を抱くが，それは本当かデータで確かめなければならない。セラピストが自分の妄想に従ってセラピーを展開すると，ろくでもないことが起こる。例えば，次のような台詞を思い出してほしい。

> SC「ん？　それは本格的に痛くなる前に，ちょっと痛くなるサインのようなものがあるってこと？　それとも『これをすると痛くなるだろうな』と予想すると，それだけで痛くなるってこと？」
> B「何かする前に『痛くなるだろうな』って考えたら余計に痛くなって，結局止めちゃう」

「ちょっと痛くなるサイン」とは前駆症状のことだ。「これをすると痛くなるだろうな」という予想とは予期不安のことだ。どちらを使ってもモデルは成立

させられるが，Bくんの内的プロセスの確からしさがどちらであるのか，本人にお伺いを立てている。もちろんBくん自身が誤解していることもあるのだが，ケースフォーミュレーションの妥当性を判断する主役はBくんである。ケースフォーミュレーションに限らず，治療のあらゆる側面において主役がクライアントであることについては，ブレずに進んでいってほしい。

　また，得られたデータに基づいて仮説（いわゆるケースフォーミュレーション）を立ててクライアントと共有する必要がある。その仮説は一過性のもので，その仮説に収まらないデータが得られたら，即座にこれまでの仮説を放棄して改変しなければならない。最終的に治療が終了する際には，ケースフォーミュレーションは完成している。それまでは不完全なケースフォーミュレーションを繰り返し修正するプロセスが必要で，とりわけ前の不完全なケースフォーミュレーションを破棄することが重要になってくる。

事例のまとめ②──行動実験

　ここまでのプロセスのなかで十分にクライアントが参加し，納得した状態であれば，課題をやってもらうことに困難はない。もし課題がなされないことがあるとすれば，説明や仮説や心理教育などにおける一貫性のなさ，あるいはクライアントに参与してもらえていないなどのセラピスト側の瑕疵が原因である。

　また，課題遂行の結果がどうなったかをチェックするのに必要十分な時間を取らなければならない。ほとんど全く課題を見ないのは，一生懸命にやった本人に対して失礼だし，ほとんど全部課題の話をしていて治療が進まないのは本末転倒である。課題そのものが治療的であると同時に，新たなより良いケースフォーミュレーション作成のためのデータでもある。新たな情報で前の仮説を再構築することができれば，さらに回復へと近づいていく。

　Bくんへの介入の進め方は，完全にスタンダードな認知行動療法である。主訴を定義し，数え，データに基づいてケースフォーミュレートし，課題を出し，データをもってフォーミュレーションを変える。ここに提示したものではないスタンダードを学んでしまっている人もいるかと思うが，それは不幸なことだと思う。

　スクールカウンセラーは「わからない」について考えてもらうソクラテス式問答を行った上で，行動実験に移った。行動実験の作用機序はいくつかの解釈

が可能である。①予期の確信度を按分して，ネガティブな予期の確信度を減らす。②自分の行っている「予期」が事実そのものではなく当たり外れのある認知的行為だと発見できる。③予期がそれほど当たらないという体験ができる。④「予期」と外れの対提示で，予期行動自体が弱化される。またそれら行動実験は，「大丈夫」「痛くない」「うまくいく」などの安全確保がなされた上で進むのではなく，「わからない」という曖昧さを内包したまま前に進むものであった。これは「曖昧さへの忍容性（tolerance of uncertainty）」を高める介入であると解釈できる。

　曖昧さへの忍容性を高めることは，以前から指摘されている重要な治療的方向性であった（Clark & Beck, 2011）。Strout et al.（2018）は曖昧さへの忍容性をレビューして，一貫して患者の情緒的ウェルビーイングと関係していると結論づけている。一方で，曖昧さ研究は「曖昧さ非耐性（intolerance of ambiguity）」の方が多く研究されてきた（西村，2007）と批判されている。Sookman & Pinard（2002）は強迫性障害に対する研究のなかで，曖昧さ非耐性が脅威を過大解釈し，対処能力を過小評価することを示唆している。

　予期不安は非機能的認知と解釈されるが，「きっと悪化する！」という考えは，一方で「どうなるかわからない」という曖昧さを打ち消す短期的なコーピングなのかもしれない。つまり「予期で上がった不安を回避で下げる」パターンのみならず，「未来がわからないことで上がった不安を，予期で確定させて下げる」というパターンも並行して起こっているのではなかろうか。

　スクールカウンセラーが誘導的に発見してもらったのは，「わからない」という健康で合理的な思考であり，そのわからなさに向かってチャレンジする行動である。「予期しても，それほど未来は当たらない」のは合理的であり，「予期を当てることは難しい」という結論に達することは，常識的でハズレも少なく手堅い方法である。

　認知行動療法を受けている不安症系のクライアントが「『ええい，どうにでもなれ』と思って思い切ってやりました」と述べることがある。これは一見，不安な事柄（例えば電車や，人々との交流や，公衆トイレに座るなど）に対する行動実験／曝露のように見えるが，加えて「未来の不確実性，曖昧さ」に対する曝露にもなっている。不明な未来に向かって踏み出せることが，まさに曖昧さへの忍容性を高めるだろう。予期不安に対処できるようになることは，「何

が起こるかわからない時間へと踏み出していけること」だと私は考えている。

　Bくんは自分の行いが痛みの予期であるというメタ認知を一定程度まで得た上で，さらに「どうなるかわからない玄関の外」に一歩を踏み出した。そして，卒業まで歩みを止めなかった。曖昧な未来に踏み出す行為が，すなわち彼の線を太くしたのである。

備考――本ケースは，『認知療法研究』第15巻第2号（2022）[p.189-196]で発表された「実践報告：予期不安に対する『わからない』の案出が治療に貢献した2事例について」に，加筆修正をしたものである。

● 文献

Clark DA & Beck AT（2011）Cognitive Therapy of Anxiety Disorders : Science and Practice. Guilford Press.

西村佐彩子（2007）曖昧さへの態度の多次元構造の検討―曖昧性耐性との比較を通して．パーソナリティ研究 15-2；183-194.

Sookman D & Pinard G（2002）Overestimation of threat and intolerance of uncertainty in obsessive compulsive disorder. In : Frost RD & Steketee G（Eds.）: Cognitive Approaches to Obsessions and Compulsions. Pergamon, pp.63-89.

Strout TD, Hillen M, Gutheil C et al.（2018）Tolerance of uncertainty : A systematic review of health and healthcare-related outcomes. Patient Education and Counseling 101-9；1518-1537.

Q&A

完璧主義さんや不安耐性の弱い方々へこのことを教えてほしい。腹痛は外出できなくする最も多い訴えなので，ビギナーには「腹痛が来るかも」という予期不安への対処でこんなに簡単なのだとおどろきました。

私は「予期の不安」と「実際の不安」とはそれぞれ別物だと思っています。なにしろ置かれている状況も違いますからね。回避について考えるときにセラピストがどち

第4章　認知行動療法の事例検討会——5つのケースとディスカッション　　103

> らを扱っているのかわかってやるのが大事だと思います。しかし事例でも示した通り、未来とはわからないものですから、予期が百発百中とはいかないですね。さらに、言葉をうまく使いこなせないほど、その影響がかえって大きくなると思います。
> コメントにある「完璧主義さんや不安耐性の弱い方々」というのは、キャラの概念なので、実際の生活場面で何を苦手に思って、何を避けて、何に対して過剰に安全確保しているのか判断して、それらを緩めていくのが良いと思います。

＊　　　＊　　　＊

「わからない」という合理的な認知を伸ばすとはどういうことですか？

痛くなる予想がそれほど当たらなかったという事実を、今回はたまたまそうだったと考えず、Bくんがすんなりと受け入れたことが不思議です。「わからない」という合理的な認知がうまく働くような行動実験のコツが知りたいです。

Bくんのわからなさをセラピストがわかろうとしたり、Bくんにわからせようとしたりするのではなく、「わからない」が市民権を得ていく展開が印象的でした。

「きっと痛くなる」という思考のうち、「痛くなる」という部分ではなく「きっと」という部分が合理的に変化したのだと思います。認知療法ではしばしば「絶対」「必ず」

のような思考の形容詞部分に働きかける実験をしますが，何事も絶対はないので手堅い方法です。受け入れるとか受け入れないとかではなく，データに基づいて体験的に把握したからではないでしょうか？　モニタリングとはとても強い治療作用のあるものですが，そのひとつは体験的理解にあると思います。「『わからない』が市民権を得ていく」って面白いですね。認知療法のお手本の一人に「ソクラテス」がいますが，彼はまさに「"わからない"がわかる」市民でした。

＊　　　　＊　　　　＊

「わからない」というフレーズを，これまで簡単にスルーしてきてしまったことがいかにもったいなかったかを痛感したケースでした。今回のケースに出会うまでは「わからない」という言葉はどちらかというとマイナスなイメージだったので，健康で合理的な認知であるという視点や，「曖昧さの忍容性を高める」という視点は目から鱗でした。
ここからは質問です。「曖昧さの忍容性」と「柔軟性」は，どことなく似ているような気もしましたが，これらは別物として考えた方が適切でしょうか？

全員知らない人との飲み会とか，わからなすぎて緊張エグいけど，踏み出せるのはカッコいいですよね。柔軟性や曖昧さへの忍容性は，心的な用語なので言わば"あぶく"みたいに実態がありません。1つ目のシャボン玉と2つ目のそれは，似ているような，違うような，あ，消えた……みたいに儚いものです。

第4章　認知行動療法の事例検討会——5つのケースとディスカッション　　105

　　　　　　　＊　　　　　＊　　　　　＊

じゃあ次は……とスムーズに話が進んでいるようですが，ここでセラピストは本人のどんな反応を見て，話を次に進めたのでしょうか？　このときは紙に書いたりして本人と予期不安について明確にしたのでしょうか？

おっしゃる通り認知行動療法はA4の紙に要約したり，図に書いたりを一緒に見ながら行われます。そこで理解や納得の程度の様子を見て進むか説明を加えるかを判断しています。ここは前駆症状なのか予期不安なのか，つまり今セラピストの疑問は何かを詳らかにしながら，それを紙に書いて質問しているところですね。今は何が進行しているのか，セラピストとクライアントが共同でセラピーを体験している「共同経験主義」に則ってやると，話はスムーズに進みます。進まないときはつまり，2人が同じカウンセリングルームにいても違うことを体験している同床異夢の状態なのです。

　　　　　　　＊　　　　　＊　　　　　＊

痛みのことを調べると余計に痛みのことを考えて痛くなったと話される方もいるのですが，そういうときはどのような工夫が必要ですか？　そもそも課題の出し方がマズいということでしょうか？

そういう方もいますね。例えば痛くない時を数える（ポジティブデータログ）にするか，短い決められた時間で数えるか，数える時と数えない時で痛みの違いを数える

かなど，モニタリング上の工夫をします。つまり，うまくいかないなら，うまくいくように工夫するのが大事かと思います。

*　　　*　　　*

曖昧な未来に対して暴露をしていくなかで，心理教育を受けた上で「わかっちゃいるけど，実際の行動が難しい」といったクライアントは今までいらっしゃったでしょうか？　またその場合はどのように暴露までつなげていくかという工夫はあるでしょうか？

その人が実際の行動をしたときに"わかっちゃいる"と判断すると思います。ただ，そういう人はいなかったですね。心理教育をして，適切な課題設定をすれば，だいたいの人はやってくるものですから，やってこない"わからず屋のクライアントがいる"のではなく，セラピストの介入プロセスがどこかおかしいのだと思います。

第 4 章 認知行動療法の事例検討会──5つのケースとディスカッション　　107

事例Ⓒ 自閉スペクトラム症（ASD）でパニックを起こす子

事例紹介

　スクールカウンセリング中に出会ったケース。中学校１年生の男の子で，学校で頻繁にパニックを起こすということで紹介された。

　父，母，弟の４人家族。負けず嫌いで，ゲームが好き。

　母親いわく，小３より「水道の水が漏れてるかもしれない」と何度も確認する，など奇妙にこだわった行動を取りはじめた。遡れば，小さい頃スキンシップをのけぞって嫌がっていた。小学校の先生ともたまたま話す機会があったので，小学校時代がどうだったのか聞いてみると，小学校時代に比べずいぶん落ち着いたと述べた。弟の方がマシだが似た感じではあるらしい。

　医療機関の診断はASD（当時はアスペルガー障害と書かれていた）で，メチルフェニデートとエチゾラムを処方していると，紹介状に書いてあった。

　そもそもはスクールカウンセラーの勤務日に，偶然Ｃくんが移動教室に対応できず不安発作を起こしていると報告を受けたので，さっそくＣくんのいる教室に向かった。

　Ｃくんは体育の授業に出るために着替えをしなければいけないが，完璧に間違いなく着替えられているか不安で，何度も何度も確認行為を行っていた。

　くわしく話を聞くと，Ｃくんは「自分の症状について」も「症状への対処について」も全く知識がなく，「自分は異常で死ぬしかない」と思っていた。

　ずいぶん長いこと小児科に通いながら，たまにWISCを取られるだけで，対処法はなにも学んでいないのは残念だった。

　それぞれの症状のつながりもわからず，次々と襲ってくる症状を「天災」のように表現した。Ｃくんは「いつ地震が来るかわかる人なんていないでしょ。僕のこれもいつ襲ってくるかわからんし，そんなものをどうしようもない」と表現した。

　Ｃくんの会話の端々から治療に対する懐疑と，抽象概念を扱える知能の高さがうかがえた。

ケースワークと支援計画

　教頭はじめ担当と急いで協議し，どのみち授業にはならないし，この参加不

能な体育の授業時間を使わせてもらって，差し迫った不安の解消を図った。

　教室にて強迫症状への心理教育を行った。また教師側にも理解の受け皿を作るために，養護教諭に同席してもらった。

　Ｃくんは強迫の説明に強く興味を示し，全てをかなりスムーズに理解した。教室での説明が功を奏したと思われる。また積極的に症状や自分に対する疑問などを発言した。

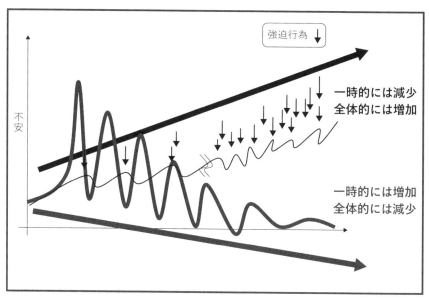

図4-4　強迫行為と不安の推移

　たとえば，図4-4はよくある強迫の心理教育，「強迫行為をすれば一時的に不安が下がるが，どんどん強迫行為は増え，全体的に不安が増加する。一方で，強迫行為をせずに済ませられれば，一時的には不安が上がるものの，徐々に不安が起きてこなくなる」を図式化したものだが，これを黒板に書いて説明したら，すぐさまＣくんは「まるで麻薬みたいやな！」と言ってきた。「まさに，麻薬的にやめられない，止まらないだよ。よくわかってる」と賞賛した。

　その後担任に，明白な精神科的症状であり要治療であること，スクールカウンセラーにそれを行う準備があること，両親にも心理教育が必要なので家族面

接を準備してほしいこと，加配が必要であることなどを伝えた。担当教師が早速手配してくれて，次回両親との面談となった。

　さらに，いろいろな学校の不便があるだろうと，各教科の教師にインタビューしてみたところ，担任は「着替えや移動教室のたび，必ずパニックを起こす。大爆発が1日4，5回。小爆発は数え切れない。クラスに友達がおらず，本当に一人きりでぶつぶつ言っている。全ての提出物が出せない」。理科の教師は「ピリピリしてどうなるかわからないので触れられない。パニック中につぶやいている言葉も「このままでは行く高校がない！」などと，どこかちぐはぐな困りごとを述べている」。音楽の教師は「ピリピリ＆キーキーしている。床に転がって奇声を発することも。椅子をわざと何度も床に倒したり，横の子にガンガン机をぶつけたりするので迷惑。授業の準備物が合っていても『違うものを持ってきてしまった。ヤバイ！』と延々言いつづけている」。美術の教師は「教師の指示に従える状態ではなく，別のことをしている」。完全に「触らぬ神に祟りなし」状態で，各授業でお客さんみたいになっていることがわかった。

　アウトリーチ先の学校で出会うにしては，それなりに病態水準が重い，歯ごたえのある生徒で，医療機関にはすでにかかっているものの役に立っていない。私個人はCくんの困りごとをなんとかできそうだし，Cくんもやる気十分だけれども，この学校全体の困りごとの分量と，Cくんに注ぎ込むコストは果たしてバランスが取れるのだろうか，という疑問が湧いた。

　しかし，メンタルヘルスのアウトリーチをかけるときに私自身が心がけていることは，「最重症の人を，きちんと良くするところまで持っていく」ことだ。誰が何をしても良くなるような軽症の人の相談に乗って，「笑顔が増えました」みたいな意味不明なことを言うセラピストにはなりたくない。偶然には良くなりようがない，教師にはどうしようもない状態を，セラピストの技術を持ってなんとかしていくことこそが，高い報酬をもらう意味だろう。だから，Cくんが良くならないのならスクールカウンセラーなど雇う意味が全くない。

　そこで，以後隔週ペースで年20回という，スクールカウンセラーとしては相当量の面談をすることになった。

アセスメントとケースフォーミュレーション
　最初のうちのアプローチは，アセスメント，心理教育と治療同盟の結成，ケー

スマネジメント，認知行動療法による各症状へのアプローチなどであった。

Cくんの困りごとと，「どうする・どうなる」を表にまとめた（表4-4）。

苦手な状況・刺激	どうする・どうなる
チャックが開いているかもしれない	確認する，パニック
今の場にふさわしくない物が出ているかも	確認する，パニック
数字の1と5と8が嫌い	なるべく使わない
脈や血が気にかかる	回避する，失神する
赤色が嫌い	なるべく使わない
壊れ物を置くとき，端に置くと落ちて壊れるかもしれない	安全な場所に置き換える
テスト時に名前を最初に書かなければ悪いことが起こる	全部消して書き直す
とがっている物（はさみ，カッター，鉛筆）が適切に扱えているか	確認する，なるべく使わない
電気がつきっぱなしかもしれない	確認する

表4-4　苦手な状況・刺激と「どうする・どうなる」

この当時は，彼の症状が「強迫症状」なのかASDから来る「常同行動」なのか悩んでいた。だいたいの場合，強迫性障害から来る強迫行為には，主に変化を促すアプローチが用いられる。これはすなわち，内的に変化をもたらすシステムを構築していくということだ。一方で，発達障害に見られる常同行動には変化を促すアプローチがあまり用いられていない。比較的TEACCHや，福祉的，環境改善的なアプローチが用いられる。すなわち外的に環境を統制するシステムを構築することがなされている。

そこで，発達障害の専門家にスーパーバイズを受けて尋ねてみたところ「やってみてうまくいったら良いんじゃない？」とあっさり言われ，まずは変化を促すアプローチを試しつつ，うまくいきそうなら続ける，ダメそうなら方向転換することにした。

Topic 認知行動療法の ERP（曝露反応妨害法）

　強迫症，パニック症，恐怖症など，不安症に用いられる行動療法の技法。曝露法と反応妨害法からなる。曝露法は「不安／恐怖を引き起こす状況に，わざと自分をさらす」ということ。反応妨害法は「その状況において，いつもの不安を減らす行動を取らない」ということ。

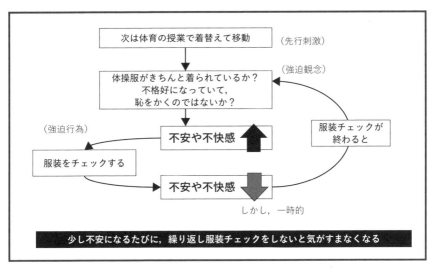

図 4-5　C くんの強迫症状のミクロなケースフォーミュレーション

　アセスメントすると，C くんには「強迫症状（OCD）系」以外にも，他の困りごとがたくさんあった。
　まずは「うつ系」の困りごとで，うつ症状が強く，自尊感情が低く，よく「僕なんかいなくてもいい人間だ。友達を作る資格のない人間だ」などとつぶやいていた。また，自傷行為として，壁や床に頭を打ち付けたり，ポカポカ自分の頭を叩くなど，ヘッドバンギングがあった。自殺念慮もあったが，自殺企図はなかった。
　次は「社交不安（SAD）・対人スキル系」の困りごとで，誰かに自発的に話しかけられない，休み時間にどう振る舞っていいかわからない，話しかけられ

てもどうしていいかわからない，集団になじめない，などの困りごとがあった。

少なくともその2つが前景として目立ちつつも，面談を続けていくなかで判明してきた，さらなるCくんの困りごとには，以下のようなものがあった。

「解離（DID）系」の困りごととして，ものわすれが激しい，自分のなかのいろいろなキャラクター同士で会話をする（周りには独り言や奇声に思われる），独特の世界観のなかに没入してしまうなど。「限局恐怖（SP）系」の困りごととして，血液や脈（拍動）や血管に関する刺激に誘発されて筋肉の脱力反応が起こる，自分の手首を持つと膝ががたがた震えて立っていられない，など。

「コミュニケーションの取りづらさ，奇妙なルール系」の困りごととして，集団のなかに溶け込めない，特定の言葉（「モアイ」「墾田永年私財法」）を，ややくどい冗談で繰り返す。1から99まで手で数える方法など，自分独自の演算や漢字や文法を作り出す。家でも自分のルールがたくさんあり，奇妙な様子。

それらの困りごとをマクロにまとめたものが図4-6である。マクロな困りごとの中心には，現在困難度合いの高い強迫症状を置き，それらを消去していくことで，他の困りごとへの波及効果を祈りつつ，波及せずに残った場合は別個で扱うことにした。

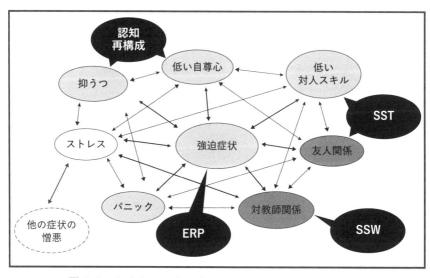

図4-6　Cくんのマクロなケースフォーミュレーション

心理教育と治療同盟の結成——マクロなケースフォーミュレーション

　まず行ったことは，「治療の動機付け」「強迫症状の説明，整理，階層化」「強迫症状への対処方略（エクスポージャー）」の心理教育だった。症状を外在化するために，各症状を整理してOCD系，SAD系，SP系，DID系などと命名した。そして，以後も「君をめんどくさい繰り返し状態にしている悪い奴がいる。そいつの名前はOCDだ。OCDをやっつける方法は……」などと擬人化というか，お邪魔キャラ化して，扱っていった。

　一方でCくんの困りごとは，なかなか自助努力だけでスピーディに回復するようにも思えなかったので，スクールソーシャルワーク（SSW）として，担任をはじめ，先生との緻密な情報交換や校内研修会を開いた。また保護者との情報交換も適宜入れて，家庭内での困りごとやその解決法について情報収集していった。医療機関とも情報交換した。

　数ある症状のうち，抑うつと低い自尊心には認知再構成を用い，低い対人スキルはソーシャルスキルトレーニング（SST）で補強する。対教師関係はケースワークで理解を仰ぎ，強迫症状は曝露反応妨害法（ERP）を用いることにした。それらが一つずつ片付けば，パニックの頻度も減り，友人関係も多少マシに構築できるようになり，ストレス低減によってその他の症状も治まることが期待された。

　具体的な最初のERPのターゲットとして「強迫観念＝その場の状況に合ってないもの，今の場にふさわしくないものが出ているかもしれない」，そして「強迫行為＝何度も確認を繰り返す（例：国語の時間なのに英語や家庭の何かが机の上に出ている（と思う）とパニックを起こす」をチョイスした。その理由は，学校生活においてパニックの引き金になる頻度がかなり多いこと，刺激強度を操作しやすく段階をつけやすいことである。

◉ エクスポージャー1

　　課題

　　「授業中を通じて"スティックのり"を机の上に置いておくこと」

　　抵抗

　　のりを置くことに対してCくんは「友達からおかしい奴だと思われる。関係のないものを置いて先生に叱られる，だから恥ずかしい」と抵抗した。

対応

「先生方にはスクールカウンセラーから伝えておく。最初は短い時間からで良いから頼むよ。試すだけで良いから，お願い」
「君も嫌だろうけど，君のなかのOCDは君よりもっとすごく嫌がって苦しむから，この攻撃を続けていけばどんどんちっちゃく縮んでいって，最後には消えちゃうよ」

　渋々，Ｃくんはスティックのりを机の上に置いたまま，国語や理科の授業を受けた。当初予想していたように，先生に叱られたり，友達からおかしなやつだと思われたりはなかった。そこで次の面接で今後のエクスポージャーの展開を相談し，下記のように順次展開していった。

> スティックのり（既遂）⇒クリップ⇒輪ゴム⇒ナット⇒ボタン
> ⇒キーホルダー⇒包んだゴム蛙⇒むきだしのゴム蛙

　それらはカウンセリングルームにあったものから，2人で選択した。ゴム蛙は「さすがにこれはちょっと……」とドン引きしていたので，少し工夫して，そのへんにあった長三封筒のなかにカエルを入れ，封筒を半分に切った。そして次のように伝えた。

> SC「この封筒を切っていって，徐々にカエルが出てくるようにして
> いこう」

　一方で，教師たちには「"机上に違うものが出ている⇒パニック"という症状を抑えていくために，あえて変なものをいろいろ置かせるので，見逃してやってください」と根回ししておいた。
　エクスポージャーをやってみたＣくんの感想は次のようなものだった。

> 「授業と関係のないものを自分でわざと置くのと，偶然出ているのとではちがう。わざと置く方がだんぜん楽。予想と違って，友達に何か言われたりはしなかった」

「最近エクスポージャーとは別に、授業と関係のないものが机の上に偶然出てしまっていたときに、ちょっとドキドキしたけど、やり過ごすことができた。慣れてきた」
「もうなんか、学校ではOCDはほとんどないなあ。家では消しゴムが見つからんときにちょっとなる」

このように回が進むにつれて、順調に順化も汎化も進んでいるようであったので、本人へのコントロール移行をさらに進めていった。そうすると、Cくんが次のように述べるようになってきた。

「いろんなものをいっぺんに置くとどうなるかと思って試してみたら、1つのときよりイヤやったけど、思ってたほどではなかったわ」
「僕は移動教室が苦手だから、移動教室にも関係のないものを持っていって、慣れるようにしたわ」
「最近は『チャックが開いているか気になる』のOCDでも、確認を繰り返さんとガマンした方がええと思って、ガマンしてる」

音楽の教師は、突然出現したむき出しのカエルに一瞬ギョッとなったが、「あのことか」と思い返して、平常心を装ったとのことであった。

◉認知再構成法／SST

次に扱ったのは、Cくんの不都合な考えで、「僕はダメな人間で、どうしようもない」「おかしくなるのは予想がつかないし、どうしようもない」「おかしくなってしまうのは治りようがない。死ぬしかない」「僕は誰からも相手にされない。相手にされる価値のない人間だ」「僕は欠点ばっかりの人間だ。こないだ自分の悪いところを数えたら60個あった」「僕は頭が悪い。何ひとつちゃんとできない」などという抑うつ的な思考だ。これには認知再構成法を用いた。
とはいえ、まずは心理教育として、「強迫症状に対する説明と治療の説明」

を行ったのは前述の通りである。そして，外在化・再帰属法として「OCD，SAD，SPなどとモンスターの名前をつけ，それらのせいで困ったことになっている」というストーリーで説明を行った。その上で，認知療法の「反証・反例探し」として，「良いところ探し＝良いところを交互に言っていくゲーム」をしたり，治療成績表として，治療に取り組んだ成績表を与えて，ポジティブフィードバックした。

　Cくんの「対人スキルの低さ」がそのまま「自尊感情の低さ」につながっているところもあった。たとえば，「友達を作る」のが苦手で「自分から話しかけることができない」「話しかけられてもどうしていいかわからないので，無視する」などの特徴から，クラスメートに敬遠されるようになっていた。その結果として「僕には友達がいない」「僕は友達を作る価値のない人間だ」「誰も僕なんかに近寄ってくれない」などと考えるのは，自然なことであった。

　そこで，ソーシャルスキル・トレーニング（SST）として「話しかける」練習を行った。まずはロールプレイとして，カウンセリングルームにてスクールカウンセラーと2人で他人に話しかける練習を行った。スクールカウンセラーが見本で話しかける役割をして，やってみせたところで役割を交代して同じセリフで話しかけてもらい，2パターンぐらいの話しかけをリハーサルしたところで，スクールカウンセラーから「じゃあ，実際に学校で誰かに話しかけてみよう」と課題を設定した。課題の前に念のためSSTとして「学校内でスクールカウンセラー以外の最も話しかけやすい誰かに，いろいろなことを話しかけてみよう」をテーマにモデリングとロールプレイを行った。

　ターゲットについても相談すると，Cくんが気に入っている2人の教師となった。

　話しかける内容についても事前に「次の授業は何？」「身長は何センチ？」「好きな色は？」「好きな果物は？」等々いろいろなアイデアを出しておいて，それでやってみようということになった。

　SST「話しかける」の展開は，エクスポージャーに比べて難しく，CくんはSSTにはなかなか取り組めなかった。2人の教師には話しかけられたものの，他の教師や，クラスメートへと対象を展開していくと，「それは無理！」と抵抗を示した。

　そこでスクールカウンセラーは毎回鉛筆や輪ゴムやコインでできるちょっと

した手品を行い，Cくんの興味や関心を引くことにした。当然Cくんは手品の
タネを教えて欲しがったので，「じゃあ，SSTの課題をやってきたらこの手品
のタネ明かしをしてあげるよ」と伝えた。

　その結果，Cくんはいろいろな教師やクラスメートに話しかけるようになった
ので，そのたびに一つずつ手品のやり方を教えた。そうするとCくんは家で
自分で練習するようになった。手品には，「ミスディレクション」という相手
の視線を誘導し，錯覚させるものがある。そのためには，「今相手がどこに注
目しているか」考えて手品をする必要がある。このように，相手が今どこに注
目しているかを考えながら何かするのは，Cくんにはあまりない体験であった
ために，最初のうちはとても苦心していた。しかし練習とアドバイスを活かし
て，いくらか「他人からどう見えるか」の視点を新たに手に入れて，それなり
に様になってきた。付け加えて言えば，一人でいる時間の使い方として，症状
的に自分のネガティブな思考や感情をかき立てるような自己刺激に使うよりは，
手品の練習をしている方が建設的だった。Cくん自身はそこそこ不器用ながら
も，何度も練習して落ち着いてやればなんとかなる手品もあり，それらを練習
することが，逆に本人の不器用さを少し改善してくれるかもしれない。

　そして，その後，心理士や教師に対して，教えた手品を見せるようにもなっ
て，家族と話したときにも，家でもやってみせてウケていたようだ。

◉ 特定恐怖への心理教育とエクスポージャー

　Cくんは「限局恐怖（血液）」という，血を見ると迷走神経反射を起こして，
抗重力筋の脱力反応が起きる，おおむね遺伝的な疾患も持っていた。注射など
で気絶するし，自分や他人が怪我をしても，TVで手術のシーンがあってもガ
クガクするし，これはそれなりに不便だが，学校生活的に扱う必要性はさほど
高くなかったが，OCDのエクスポージャーの応用編ではあった。

　そこで，軽く「拍動に対するエクスポージャー」を行った。これは，血液循
環に対する簡単な心理教育とともに，手首の脈拍を観たり，触ったりして感じ
つづけるERPだ。最初Cくんは身体の内部のあらゆるところに血が流れてい
ることや脈を触れば拍動が感じられることに対し，ずいぶん気持ち悪そうにし
ていた。当初，拍動を探して自分で触ったり，スクールカウンセラーの脈を取っ
たりが，ゾワゾワして落ち着かないようであったが，そのまま拍動を触りつづ

けて数分経つと多少マシになった。スクールカウンセラーから「こんな感じで，たまに暇なときに，自分の脈に触れて，『血というものは毎日身体のあちこちを流れているもんなんだなあ』って考えつづけると，最初は気持ち悪いかもしれないけれど，少しずつマシになっていくよ」と伝えた。

事例の中間報告

　このように広範囲の介入を受けた後のCくんについて教師たちが語ったことをまとめる。

　担任の教師は「学校で強迫症状やパニックが起こることはかなり減った。家では少し残っている様子」。理科の教師は「教室ではニコニコしていて，ご機嫌でふざけている。普段から笑顔が増え，あまりうつ的ではない。いくつかの提出物（生活の記録など）を出せるようになり，コミュニケーションを取ろうとしている」。音楽の教師は「教師に話しかけたり，生徒に話しかけられたりと，応答できるようになった。ちぐはぐなところはあるが，相手の反応を見ながらコミュニケーションを取る余裕が出てきた」。美術の教師は「わざとふざけたことを言って，冗談にしている。物忘れは減った」とのことで，苦手だった移動教室も含めて，おおむね克服して，教師たちも対応できる範囲内に入ってきているという感じだった。

　Cくんはまた，成績が優れない（テストの成績が悪い）困りごともあったため，担任の教師にざっとクラスの成績を見せてもらったところ，クラスで下から5番目ぐらいであった。これはとても難しい判断だが，「Cくんの学習行動に介入するのであれば，Cくんよりもさらに成績が振るわない子たちにも介入するのが筋だし，そのような学習困難を抱えた子が後どれぐらいいたとしても，スクールカウンセラーの時間枠で取り組める余裕はない」と判断した。さらに，「学校における情動が落ち着いているから，これから授業の内容も頭に入りやすいだろうし，能力なりに成績も回復するんじゃないだろうか？」と楽天的に考えて，他の生徒たちの，他の困りごとを優先することに決めた。

　一方で，勉強はさておき，治療には頑張って取り組めていたわけだから，スクールカウンセラーから治療の成績表を渡すことで，少し本人の頑張りようを支えてあげたいと考え，成績表を作って渡した。表4-5がCくんに渡したスクールカウンセリング成績表である。

第4章 認知行動療法の事例検討会——5つのケースとディスカッション 119

OCD（Obsessive Campulsive Disorder）	
A	自分の予期しないものが授業中に机の上に出ているという状況を，わざと作り出して慣れていくという暴露反応妨害課題において，症状の仕組みと治療の仕組みをよく理解し，自ら積極的に取り組めました。 　またその仕組みを応用し，その他の確認したくてたまらないさまざまな事柄も我慢できるようになりました。 　まだ思いもよらないものがなくなったりすると，時々混乱することもありますが，以前よりも平気な状態に戻るのが早くなってきていると思います。
SP（Social Anxiaty Disorder）	
A	はじめは「誰かに話しかけるなんて，絶対不可能！」と言っていた部分ですが，最近はさまざまな教科の先生やクラスの友達などに声をかけたり，かけられたりが増えているように見えます。 　周りのたくさんの人がCくんのことを気に入っており，温かく見守っているので，これからもそれらの人々に話したり，話しかけたりすることを試みていってください。
SP（Specific Phobia）	
B	血や血管や脈に対して抗重力筋の脱力反応が起こるということですが，日常生活において不便がない程度に回復していると思います。 　もしどうしてもそれらの苦手なものに近づかないといけないときは，OCDの治療と同じく，徐々に治療をしていってください。Cくんなら自分で治していけると思います。
その他	
	総じてCくんは抜群に良くなっています。まず学校において大混乱することはほとんどなくなりました。次に混乱したとしても回復することが早くなってきました。どこまで良くなるのかはちょっと予想できません。 　Cくんの1年生時点での目標は「個人的に安定すること」でした。その目的は十分達成できていると思います。 　来年度の目標として「学校の提供するプログラムへのさらなる参加」が挙げられます。まずはさまざまな提出物を出すところから始めましょう。Cくんならそんなに難しくないと思いますが，頑張ってみてください。 　1年間お疲れ様でした。

表4-5　スクールカウンセリング成績表

　Cくんの日常生活は安定度を増し，周りの人々の働きかけが一層入り，ますます安定している。知的な問題がそれほどなく，抽象概念が操れるなら，ASD圏の方に認知行動療法を用いても悪くないのかもしれない。不慣れだった中学校に，1年かけて慣れたのかな，という気もする。

Cくんの後日談

　Cくんは1年後に強迫症状が再発した。

　この頃は投薬はなくなっていた。学校生活はつつがなく送っているものの、奇妙にこだわった行動、発言が目立つのは相変わらずで、負けず嫌いで、ゲームが好きな子だ。

　今回再発した強迫症状は「チョークの粉などが手についたかどうか気になって、それらを避ける／すぐ手を洗いに行って学校生活が不便」だった。

　スクールカウンセラーは再び曝露反応妨害法を用いた。そのときの様子は下記の通りである。

　　　SC「前のときのこと覚えてるか～？」
　　　　C「もう忘れたわ。だいぶ経ってるやん」
　　　SC「じゃあ、復習しながらいくか～。とりあえずチョークが怖いんやろ。そういうときは、紙に『チョーク』って書くねん。この字に触れるか？　怖いぞー……」
　　　　C「そんなん触れるわ！　ほら」（チョークの文字を触る）
　　　SC「おっと、第1段階クリアやな。次は先生がチョークの絵を描くから、それに触れるかな～……」
　　　　C「そんなん楽勝や、ほら！」（書いている途中で触る）
　　　SC「おいおい、ちょっと飛ばしすぎとちゃうか？　無理したらあかんで」
　　　　C「全然平気やで。思い出してきたわ。だんだん触っていくんやろ。ほら、次は何？」
　　　SC「次はなぁ、いきなり過激にいくで、黒板消しや」
　　　　C「うわっ、それは過激やろ」
　　　SC「そうなんよなー、でもこれやと過激すぎるから、こうするんよ」（ティッシュペーパーを黒板消しの上に重ねる）
　　　SC「何枚ぐらい重ねよか？　ストップって言いや」
　　　　C「ストップ」
　　　SC「おっと、まだ5枚やで。危ないなあ、こんなん。もう2枚ぐらい重ねとこうぜ」

C「ええって！」

SC「いや，ほんなん言うても怖いで〜。じゃあ，もう1枚だけ重ねとこな。じゃあ，この上から触ってみ」

（Cはすかさず黒板消しに触る）

C「ほら，全然平気やで。重ねすぎやわ！」

SC「お前のためを思って重ねてあげたんやないか。でも，たしかにちょっと重ねすぎたかもな。ちょっと1枚取ってみて」

（Cはティッシュを1枚取って，触る）

C「ほら，平気やん」

SC「お，すごいなあ。何枚ぐらいいけるん？」

C「こんなに何枚もいらへん。1枚あったらいけるわ」

SC「マジで？」

（Cは1枚残して全部ティッシュを取り去り，黒板消しに触る）

C「ほら見てみい！」

SC「すっごいなぁ。それでどうなん？　怖くないの」

C「別に全然怖くないなあ」

SC「なんや，すごいことになってるなぁ。最後の1枚はどうなん？ちょっと取ってみ」

（Cは取ってみる）

C「どうやろ？……いけるかも」

SC「いや，それはさすがに無理やろう」

C「いや，見とけよ，……うりゃ」（ためらいがちに指でチョンと触る）

SC「うわっ！　なんて大胆な……まあでもたしかにそれが曝露やな。今の気分はどうや？」

C「いや，別に？」

SC「別に？　もっと怖いとか，気持ち悪いとかないの？」

C「ないなあ」

SC「（煽るように）ちょっと触る時間が短すぎたんとちゃうか？多分もうちょっと触ってたら，ヤバいで」

C「もうちょっとってどれぐらい？」

SC「うーん，5秒かなあ」

（Cは黒板消しに触る）
C「いーちー，にーいー，さーんー，しーいー，ごー……ほらどうや！」

　上記のようなやり取りを経て，Cくんの強迫の問題は一回で解消した。その後も時々混乱しながら，まずまず学校生活を送り，無事に高校進学したためスクールカウンセリングは終了した。

後日談まとめ

　ERPをクライアントの手を無理やり取って便器に突っ込む技法とした勘違いがあるが，セラピストの仕事はクライアントが自主的に曝露する手助けである。セラピーはアクションではなくリアクションなので，相手に合わせて展開すれば，無理強いせず安全な関係が保てるし，クライアントの自己肯定感を奪わずに済む。また，「症状を消してもモグラ叩きだから扱う意味がない」という謎の考えを耳にしたことがあるが，自転車の乗り方と同じで，一度治療行動が形成できていれば，1年後でも十分それを再利用できるので，脱安定状態からスムーズに回復できる。

Q&A

Cくんとの会話が友達同士のように楽しそうで，煽って自主的に曝露させていく様子が印象的でした。子どもとの関わりで心がけていることなどがあればお聞きしたいです。

ゲーミフィケーション，つまりゲームデザイン要素や法則を応用することは特に子どものセラピーで大事だと思います。私はそれをTRPGで学んだ気がします。

*　　　*　　　*

手品は今相手がどこに注目しているかという視点を自然に取り入れることができる点でCくんの成長に最適なものであったと感じましたが，手品はCくんのためにできるように準備したのでしょうか？

手品は「相手の視線」や「目と手の協応」などのトレーニングになりますよね。ある意味向いていないんだけど，練習としてはやっていて面白い。手品が嫌いな子どもなんていないですからね。子どものセラピーは「注意や関心」を操作する必要があるので，手品，なぞなぞ，小話まで一通り引き出しに入っています。

*　　　*　　　*

成績表も治療的でとても良いですね。他の生徒よりも自分のことを一番理解している・向き合えた証として，また学校っぽさもあって良い取り組みだなと思いました。自己肯定感爆上がり?!

もらったらすごいうれしいなと思いました。成績表を渡すことの機能についてもう少し詳しく解説してほしい。

私は柄でないのでほとんど褒めたりしないのですが，子どもの場合，叱られてばかりよりは，たまにスポットライトが当たるように褒められることがあっても良いと思います。いわゆる強化子のタダアゲ（無随伴強化）ですね。

*　　　*　　　*

学校，医療との連携がすごい。ここまでできるようになるまでに苦労されたこと，あるいは工夫したことなどを教えていただきたい。

 学校の先生や同級生，本人や同級生の保護者など周りの方の理解や協力が必要な事例だったかと思います。周りの方の反発への対応や理解，協力を仰ぐために大事にしていることはあるでしょうか？

 医療との連携は医療機関で勤めるか，医師などの参加が多い地域の勉強会に参加するかなど，心理士も嫌がらずに医師に曝露していく必要があります。教師の協力を仰ぐのには，精神科からの情報提供書で，それをもらうためにせっせと紹介状を書いていました。そうして今でいうところの合理的配慮を引き出して，えこひいきしてもらってました。いずれにせよ子ども周りのスタッフは皆良い人なので，筋さえ通ればそこまで連携は難しくないように思います。同級生たちは反発というより，Cくんの症状が重すぎて，どうして良いのかわからずに引いていた感じでしたが，症状が収まってくるとクラスメートと接しやすくなった様子でした。

＊　　　＊　　　＊

 Cくんの症状を，それぞれ個別に捉えるのではなく，マクロ的な視点で捉えるという点が大変勉強になりました。私の場合，個別に捉えてしまい，行き詰まっていたと思います。非常に重要な視点であると思いました。

第4章　認知行動療法の事例検討会──5つのケースとディスカッション　　125

とても複雑な状態の事例でどこから手を付けていいかわからないケースだなと思いましたが，たくさんの症状を丁寧にアセスメントした上で「何に取り組むか」に焦点をしっかり絞って取り組めてすごいと思いました。曝露の過程もリアルで勉強になりました。

介入の玉手箱みたいなケースですね。すごい！　どこから介入するかは，動きやすそうなところからですか？　もちろん本人の希望することが前提だと思いますが。

マクロでとらえておくと，うまくいかないときにこそ立ち返って介入が変更可能になると思います。私もしょっちゅう失敗して方向転換しています。順番としては大きく本人も皆も困る症状を治めていって，少し落ち着いたところで，小さく本人が困る症状を片付けていけば良いと思います。症状が玉手箱な場合，介入も五月雨式になりがちです。とても不便しているところ，改善で得られるものが大きそうなところ，本人や周りを大きく戸惑わせているところ，やりやすそうなところ，などあれこれ考えて選んでいます。

　　　　　＊　　　＊　　　＊

外在化されたOCDの立場で，エクスポージャーされたOCDの気持ちを伝えている点が，私には全くない発想でした。この一言も，治療に抵抗を示したCくんの，動機づけの一因になったのではないかと思いました。

擬人化などで症状を外在化する際，ご本人からみて客観的に捉えやすくすることばかり考えていました。"自分も嫌だが，OCDはもっとすごく嫌がって苦しむ"など，一度分けた上でさらにかぶせていくような手法が，とても勉強になりました。

最近の漫画やアニメでも，敵キャラがよくしゃべりますからね。しかし，私はセラピーで抵抗とか動機づけとかを考えることはありません。セラピストのなかには抗がん剤の作用と副作用に例えたり，虫歯治療と虫歯菌に例えたりする人もいた気がします。

*　　　*　　　*

複数の要因があり，一つひとつの心理教育が特に重要なケースだったのではないかと思いました。Cくんが抽象的概念を操作する能力が低かった場合には，今回の介入のなかで方法や説明を変更していたであろうところはありますか？

やはり，クライアントが抽象概念を扱えるということは，治療していく上で大きなウェイトを占めるものなのでしょうか？

もし相手の状態や状態が違っていたとしたら，それに合わせて説明や技法は変更していたと思います。そもそもあまり同じ説明をしたことがないです。言葉や数字は抽象概念なので，どちらも扱えないとセラピストの取りうる選択肢はだいぶ狭くなりますね。

事例❹（前編）動くことがままならない子

事例紹介

　私設開業カウンセリングルームでのケースである。このようなケースはスクールカウンセリングではなかなか遭遇することはない。遭遇したとしても，スクールカウンセリングの枠内に収まる介入にはならないため，外部の専門家に紹介することになる。

　今回は，外部の専門家として関わりつつ，最終的に何度も学校とも連携を行い，復学を支援できた事例であるため，本書に載せることにした。しかし，ボリュームのある長い話になるので，前半後半に分けて中締めも入れた。

　約1年間で約30回の面接，2回の家庭訪問，3回のケースワークを行った。報酬は，約20万円だった。

カウンセリング1回目

　ある日，運営するカウンセリングルームの電話が鳴った。

> 父「ホームページを見て電話したんですが，娘をみていただけるか，伺いたいんですけど？」
>
> Th「どういったお困りごとですか？」
>
> 父「半年ぐらい前から調子が悪くなって，道で歩きながらくるくる回ったり，トイレに行きづらくなってきて」
>
> Th「ふむ，ふむ（強迫かな？）」
>
> 父「そのうちしゃべらなくなって，動かなくなって，一切食べ物も摂らなくなったんです。A病院の内科に入院して経鼻胃管チューブを入れて栄養を摂っているんですが，そんな状態でもカウンセリング可能ですか？」
>
> Th「いや，うちでは無理です。内科的に問題ないのであれば，精神科の病院に入院してください」
>
> 父「一応B小児病院にかかったことがあって，『次回は3カ月後来てください』と言われているんですが，待ってそちらに行った方がいいですか？」

Th「いや，そんな悠長なことを言っていられる事態ではないです。な
　　んとかして今すぐ入院しましょう」

　ということで，連携医療機関であるところのC病院精神科に口利きして，す
ぐに入院してもらうことになった。
　それから1年後——C病院精神科に丸1年ほど入院していたDさんは，入院
前とほとんど変わらない状態で，C病院精神科からの紹介状をもってやってきた。

◉診断・生活歴・病歴・治療歴
【DSM-IV-TR診断】Axis I：（295.10）統合失調症・解体型。Axis II, III, IV：
なし。Axis V：X－1年入院時GAF（機能の全体的評定）＝8，X年退院時GAF
＝9（GAF1-10（自己または他者をひどく傷つける危険が続く，または最低限
の身辺の清潔維持が持続的に不可能，または，死をはっきり予測した重大な自
殺行為））。
【症例と家族】11歳小学生女児D。150.0cm，31.5kg，BMI：14.0。両親，妹（5
歳）の4人暮らし。本人は9歳まで特記すべき成長／発達の問題はなし。父は
専門職，母は専業主婦。
【現病歴】X－2年，決まった下着に執着し着脱を数十回繰り返す，トイレで失禁，
書字困難，といった症状が出現した。その後，書字，会話，摂食，保清が不可
能になり急速に状態は悪化し，C病院精神科にて1年医療保護入院した。その
後「行動療法的な親ガイダンス」を期待して，CBTセンターを紹介。
【投薬】リスパダール筋注（50mg/2w）
【主治医の考察】統合失調症・解体型。薬物療法は著効せず。幻聴に支配され
た希死念慮もあり，自殺企図は否定できない。本人は入院中「幻聴を消したく
ない」と一度だけ述べた。家族は発病から2年支えているが，病気の改善が見
られないことに耐え難い思いでいる。
【来談時現症】親がおぶって来談。ほぼ床に寝そべるか，母にしがみついてい
た。視線は合わず，呼びかけに応じず，会話できず，奇声を上げるのみであっ
た。保清できず，異臭があった。
【家での様子】拒食が激しいが，母が口に食べ物を持っていくとたまに咀嚼し
て飲む。移動時全介護が必要であり，発語少なく，目配せや指で母親に服の脱

ぎ着，扉の開閉を何十回と命じていた。保清を拒否し，トイレに行かずオムツに排泄し弄便する。混乱して泣きわめき，ヘッドバンギングして流血する。外出拒否，家族以外としゃべらない。幻聴について家ではしゃべらなかった。家族は両親共に，知的で，常識的で，朗らかで優しい。家族仲は良く，面接にもできる限り両親で来ていた。

◉ 本人の様子と感想

　本人が歩かないので父親がおぶって来談。親に覆いかぶさりしがみつくか，床に寝そべっている。視線は合わず，呼びかけに応じない。けっこうな頻度で奇声を発する。保清できておらず，異臭がする。服装は，手にタオルを巻いていたり，左右で靴が違ったり，ちぐはぐ。時々，机の角や何か思う場所にタッチしなければ気が済まない。

　家族の様子としては，両親共に，知的で，常識的で，朗らかで，家族思いであった。

◉ セラピストの思い

　（わー，症状の宝石箱やー。この重症度の事例をよく開業カウンセリングルームにに振ってくるな……食べないの怖すぎ！　でも，これだけ入院加療してGAFがほとんど上がってないことからもう他の選択肢もないんだろうな。まあでも，ここしかないんならやるしかない。自分なりに面接を楽しもう♪）

◉ 主訴の聴取

　　Th「（寝そべっている本人のそばに座って）さて，Dちゃんはカウンセリングで解決したい困りごとはあるかなあ？」

　　D「……」（無反応）

　　Th「そうなんだ〜。まずはお父さんやお母さんの困りごとの解決を優先させてあげてほしいっていうんだね。親孝行だねえ」

　　D（ちらっとこっちを見る）

　　Th「（話していることを理解してないわけでもないのね）娘さんはこう言ってますけど，ご両親としては困っていることはありますか？」

　　父「まずはやっぱり食べないことと，そして動かないこと，危険な行

動をすることに困っています」

Th「ではとりあえず，困った行動の前後で何が起こっているか，書い
てきてみてください」(図4-4, 4-5)

カウンセリング2〜3回目

　モニタリングなどによると，ヘッドバンギングが一時増えた。その後，嘔吐
きが増え，ヘッドバンギングは減った。新聞に火をつけようとしたり，包丁を
持ち出したり，2階から飛び降りようとしたり，「いくつかのことを済ませた
ら死ぬつもりだ」と言ったり，危なっかしい。扉や引き出し開閉，出入りの繰
り返しを執拗に要求。「汚れたおむつをはかせろ」「どうしたら良いかわからな
い」「わけがわからない」と叫ぶ。母と離れたり，テレビをつけたり，食卓で
食べるよう促しても泣き叫ぶ。一方で，夜のみ1食しか食べなかったのが，昼
も食べ2食になり，偏食がややマシになるなど，改善も見られた。

◉セラピストの見立て

　生活に症状駆動行動以外ほとんど見られず，家族の負担は並大抵ではない。
正の強化で行動を増やしていくのが難しく感じる。当面，症状同士で「わらし
べ長者」のような取引（症状Aを止めたら，症状Bをしても良いというプレマッ
クの原理）を考えるも，多くが自己刺激的であるため，困難も感じていた。

　ひとまず家族に対してオペラント学習と三項随伴性について心理教育し，引
き続き前後分析モニタリングを課題とした。

Topic　わらしべ長者

　昔，ある一人の貧乏人がいた。貧乏から何とかして逃れようと観音様に
願をかけたところ，「初めに触ったものを，大事に持って旅に出ろ」との
お告げをもらった。男は観音堂から出るやいなや石につまずいて転び，偶
然1本のわらしべに手が触れた。男はお告げ通り，そのわらしべを手に持っ
て道を進んでいった。ところが彼の顔の周りを，大きなアブが飛び回り，
うるさいのでアブを捕まえると，わらしべの先に結び付けた。すると，傍
で大泣きしていた男の子がアブが結び付けられたわらしべを面白がり，欲

事前の状況	困った行動	事後の変化
家事のため そばをはなれる	声を出して呼ぶ 来て一来てー 来てって言わないと 壁をどんどんたたいている(足) 足をあげたりさげたりの動作を くり返している。	行くと ギューッとしがみつく。 言わなくなる。 私の気持ちが 行くまでたたくのを止めるためかな (妹)がねてから止めて という
妹とお風呂に入っている		
妹をねかせている。	布団をとったり、まだねてないの? もうねたでしょ とねかせてといたのにジャマをしてくる。 妹の顔や手をひっぱいたため 妹は泣いている。	妹はまだ眠っていなかったが わた事伝えると、じゃあ何か たべるといって起こさせる 笑っている。妹を もう一度 ねかせるように言う
食べ物をキッチンにとりにいく		
じゃましてはいられない事を伝え ねかせる	近よってくるが、妹がねた後 私もねていたら起こしてねと。	妹がねるのを待っている。 ねたふりしているので起こし食事時
おにぎり食べるというのでもっていく。	口をあけて 先に母親が 先に口に おにぎりをつけたので もうそのおにぎりは食べない といって食べず、違う物をもっている妹に言う。	そんな事もしていないし もったいないから食べる妹に 言って食べず。 母が違うものをもってきたので食べた。

図 4-4　困った行動の前後分析①

困った行動の前後分析

事前の状況	困った行動	事後の変化
妹の習い事の送り迎えを一緒に移る。	妹のシートベルトをひっぱったり ひっかいたりする。	妹がにげている。シートベルトは はなせない
母がお風呂へ行く (妹と父親は本人と同室にいる)	キッチンまで目薬を歩き キッチンの前に 頭をぶつけているため 父親が また病院に行きたい? という	顔をぶつけなくなるがカツてたおす いつつぶせのまま 涙、まだれ出し。 のる。母親があがってきて 起こすと泣かせる。
母と妹が外出。何時頃かえるか 確認して出ていく。	帰宅予定 30分前より。 "おそいー" "まだ?" といって 父親がなだめても 立ったまま 笑っている父親の頭の上になにか つばを落としながら泣きつづける	母親 帰宅後 そばに行くと落ちつく 妹がかえって来たからだと母を。
TVつけようとすると	TVつけないでとさわぐ。 青空レストランならいいと言う。	許可したTVはつけても怒らない
妹がTVをつける。 私がつけないでといっているが。	10分程 大声で"うたってエー"と叫ぶ その間に番組 終わるまでにならない 声で いいつづける。	30分位 番組おわると TV消え とやっと終わったと。妹に長いこと ごめんねといってニッコリ笑って謝ってる

図 4-5　困った行動の前後分析②

しいと言ってくる。さらに，男の子の母親が「蜜柑と交換しよう」と申し
出てきたので，わらしべを男の子に譲り，代わりに蜜柑を受け取った。（以
下略）

「わらしべ→みかん→反物→馬→屋敷」と，徐々に獲得物の価値が上昇
していく原理を，この小噺は教えてくれる。

カウンセリング4回目
　唾吐きが激増。四六時中唾を吐きまくり，家中が臭くなり，家族はげんなり。
「よくそんなに唾が出るな」というぐらい出るらしい。

◉介入
Th「（まあ，もう日和ってても仕方ないしな）記録表で見られるよう
　　に，娘さんの行動は，その後のお母さんのタオルで口元を押さえ
　　るなどの接近行動によって維持悪化している可能性があります（図
　　4-6）」
母「はい」
Th「そこで，娘さんが唾液を垂らしたら，お母さんがしばらく娘のそ
　　ばから離れる（近づかない）ことと，唾を自分ですするなり，拭
　　くなりしてもらうことを課題にしてみましょう（図4-8）」
D「ううー！　わー！　あー！」（Dは床に寝たままテーブルの脚を
　　蹴飛ばす）
Th「ほら，Dさんも大賛成のようですよ」
D「ううー！　わー！　あー！」（Dは唾を出しかけてすする）
Th「（反応いいなあ）今早速すすられたようですけど，そういう行動っ
　　て，今まであるんですか？」
母「いえ，すすったのはこれが初めてです」
Th「（ふむ……他人と口を利かないルールに縛られているものの，話
　　の内容も理解できてるし，それが困ったことになるという判断も
　　つくし，抗議もするのね）そうそう，そんな感じ。早速やる気を
　　見せて偉いね。その調子で家でも頑張ってきてね（図4-8）」

第4章 認知行動療法の事例検討会——5つのケースとディスカッション　133

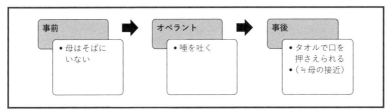

図 4-6　オペラント仮説

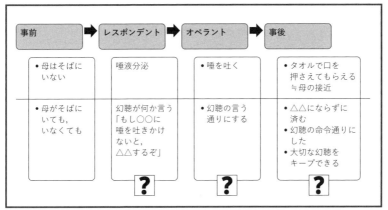

図 4-7　命令幻聴を仮定したレスポンデント・オペラント仮説

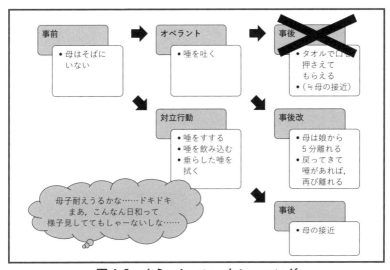

図 4-8　オミッション・トレーニング

カウンセリング5〜7回目

　Dさんは家族が留守にしている間に階段の踊り場から飛び降りた様子で，玄関で足を痛めてうずくまっているところを発見される。整形外科で治療を受け，骨折ではないものの重度の捻挫。唾液を吐くのは自分でも意識して，吸ったりしている。

Th（飛び降りはバーストによるアクティングアウトなんだろうか？　あるいは幻聴に支配された行動なんだろうか？　唾液を出さなくても，足を痛がったら，母親が来るってことになった代替行動なんだろうか？　足が痛くて，動けずに，ずっと布団にいるという真っ当な状態になったということだろうか？　いずれにせよ，「わらしべ長者」は，儲かっているかわからないな……）

母「唾吐きに関して，娘がいろいろ交渉を持ちかけてきてます。私を呼んでから唾を吐くとか，『床なら吐いてもいい？』とか」

Th「問答無用に唾吐くより，問答の方がマシなので，それはたぶん良いことです」

母「今困っているのは，オムツの便に指をつけ，『洗え』とか『生きていたくない，殺して〜』とか，『〇〇すると死なないといけない』とか言うことです」

Th「それはもう，ありえないぐらいすごく大変ですね。拒否できないことや，関わらざるを得ないことをやられると参ってしまいますよね。でも，なるべく反応せず「電信柱」のようになることが大事です。さすがに反応しないのが無理な事柄でも，極限まで反応を薄くして淡々とやってください」

Topic　電信柱のメタファー

　電信柱のメタファーとは，症状を出す本人と止める親でエスカレートして綱の引っ張り合いにならないように，「私は電信柱だ」と言い聞かせて，無反応状態を貫きましょう，という例え。もともとはドッグトレーナーの技法。飼い主と犬が引っ張り合えば合うほど犬の興奮が収まらないけれど，

電信柱に結ばれた動かない紐を引っ張りつづける犬はいない。

翌週（6回目）もあいかわらず，本人は動かず，母は疲れ気味ではあった。一方でDさんが家で話す内容には変化も観られてきた。

母「『電信柱』になることにも慣れてきました。最近は『家にいたくない』『（外出したら）戻りたくない』と言います。一方で食欲は出てきたようです。今は『○○していないよね』としつこく何度も聞いてきます」

Th「そう聞かれたとき，『○○してないよ』ではなく，試しに『○○していないってことにしておこうね』に変えてみましょう（ルール支配行動）」

D「ううー!!」（床に寝そべりながら椅子を蹴る）

Th「（やっぱそれだとルールに抵触するよね！）お，いいね！　教えてくれてありがとうね。じゃあ，どんなときに，どんな行動を取って，どんな反応をするかの記述を続けてきてください。例えば，今までに出てきた，ハグや，動画なども，寝ている部屋から出たらできるよってことにしたらどうなるか，試してみてください」

母「わかりました，やってみます」

翌週（7回目）に来たときは，また症状が変容していた。

母「唾吐きはほぼなくなりました。代わりに自分の目に指を入れ，『外して』と私や妹に要求することが増えました。また衣服を脱がせて，と言う頻度が増えました。食事はよく食べるようになりました」

セラピストが正の強化子風の，母のハグや動画などで，寝そべったままの部屋から少しでも違う部屋に動くように促すも，むしろそれらの要求自体がなくなった。

Th（うーん，症状と強化子の釣り合いが取れてないのかな？）

母「妹の怪我や病気をずっと心配し，それを避けるための（変な）お
　　まじないを一日中しているんです」
Th「じゃあ，そのルールをタイトルにして，目標を達成すれば悪いこ
　　とは起こらないが，達成しなければ悪いことが起こる，という課
　　題にしましょう」

◉ 会話１（初めての会話）
　帰り際，Ｄさんが小声で「妹は怪我したり病気になったりしないか聞いて！」
と母に要求し，母はセラピストにそのように訊く。

Th「今日の課題が守れたら，妹は怪我や病気をしないけど，守れなかっ
　　たら，妹は怪我するか，病気になるか，どちらかです」
　D「うう〜，うー!!」（と叫んで「そういう答えじゃない！　もう一度
　　聞いて！」と母に伝えて暴れるが，親に抱えられて退室していっ
　　た）

Topic　随伴性形成行動とルール支配行動

　セラピーで呈示される言語刺激はルールであり，ひとまずルールで行動
を制御しようとする。「○○しなければ，△△できないよ」や「○○すると，
△△できるよ」などと伝えられる。例えば，「席に着かないと，おやつは
ないよ」とか「勉強しないとテストで赤点を取るよ」などで，実際の結果
が行動の直後に伴えば随伴性形成行動，伴わなければルール支配行動，と
なる。嫌なことから逃れられたり，良いことが得られたりするために取る
行動の頻度が，結果の影響を受けるという行動療法のモデル。

事例の見立て／課題の方針
　これらの見立てや課題の方針はここまでに確立したものではなく，行きつ戻
りつ，あれこれ苦戦しながら，この臨床で起こっていたのはこういうことでは
ないだろうかと考えたものである。症状も多く，介入も多く，どちらの了解可
能性も低い本症例において，理解の補助線として利用してほしい。

◉ 統合失調症のリアリティ障害

統合失調症ではリアリティそれ自体が損なわれ，思考・言語が現実と混同される症状が出る。例えば「インターホンが鳴ったら，右目をくり抜かないと（マジで）世界が破滅する」と思えば，くり抜いてしまう。「侍が見えたら，大きな声で"アロハ！"と叫ばないと（マジで）向こうが気を悪くする」と思えば，大声で「アロハ！」と叫ぶ。この関係のない2つの事柄に「マ・ジ・で！」と強く確信を持つことを妄想と呼ぶ。

本事例で言えば，「これだと思ったものに唾液をつけないと……マジで家族が死んでしまうから，いろいろなものに唾液をつける」のかもしれないし，「妹が帰ってきたら，指を目に突っ込まないと……マジで妹が病気になると思うから，目に指を突っ込む」のかもしれない。全ては本人の皮膚の内側で起こっていることだから，セラピストの想像に過ぎない。

◉ ルール支配行動から随伴性形成行動へ

行動の自発がルール支配行動に基づくものであったとしても，そこには現実の結果が随伴する。つまり，行動はルールからの影響も，随伴性からの影響も並行して受けることになる。そこで，操作可能な結果事象を動かし，ルール的にはOKでも随伴的にNGだったり，ルール的にはNGでも随伴的にはOKだったりと，並行して起こる結果をバッティングするように配置した。ルールが支えている世界は強固だが，操作のしようがない。しかし意外と流行り廃りがあったり症状として減弱したりもする。一方で随伴性は周囲が根気強く提示しつづければ変わることはない。そして，たいていルールと随伴性では，後者の方が最終的に勝利することになっているのだ。このような法則を駆使して，じわりじわりと本人の妄想世界を切り取って，現実適応を促していった。

◉ 病気の妄想 vs. セラピストの妄想

セラピストは本人が気に病むことを，課題のタイトルや語尾のメッセージに盛り込んでみた。

「妹が元気かどうか」を気に病んでいるときは，「妹が元気でいられるように（以下のことをしましょう）」と行動活性化の目標を立てた。「担任に家庭訪問してほしくない」と主張しているときは，「先生に家庭訪問を遠慮してもらうため

に（以下のことをしましょう）」、「幻聴が消えないでほしい」と主張している
ときは、「幻聴を消さないために（以下のことをしましょう）」と目標を立てた。

　盛り込んだ文言と課題の内容には全く関係がなく、いわば無関係の2つを結
びつけるという意味で妄想的接合（の関係フレームづけ）であった。前述の通
り妄想とは、2つの関係ないものを関係があると結びついてしまうことだからだ。
ここでは、「セラピストが能天気に都合よく思考と事実を混同すれば、本人も
そのような混同に呆れるんじゃないか」という楽観的な目論見もあった。

　課題の語尾にも、本人が気にしていることを盛り込んだ。家庭で「きっと許
してもらえない」発言が増えているときは、「ルールを守ったら、許してもら
える可能性が上がる。自分の目に自分の指を入れると、許してもらえる可能
性はかなり減る」と記載した。「家庭で『マミー（幻聴）に消えてほしくない』
という発言が増えている」ときは、「マミーが好む儀式の時間はだいたい1分
から2分ぐらいです」「5分以上儀式をする子は、マミーも家族もしんどいので、
困ってしまいます」「マミーは儀式よりは外出の方が好きなので、朝も昼も外
出したがっています」と盛り込んだ。「マミーが出ていってしまった！」と大
騒ぎしているときは、「マミーは儀式が嫌すぎて出ていったので、儀式を減ら
していけば、帰ってくるかもしれません。5分以上長く固まっていると、マミー
が家族に取り憑いてしまうかもしれません。以前していた儀式をやめていくこ
とが、マミーにとっても、家族にとっても、一番良いことです」とメッセージ
を添えた。「良くなりたくない」と述べているときも、「Dちゃんが良くなって
いくことは、家族にとっても、Dちゃんにとっても、他の誰かにとっても大変
うれしいことです。『じゃあ、まあ、いいか』で済ますことができるように、ジャ
マイカ、ジャマイカと唱えるようにしましょう」と締めくくった。

　これは妄想の世界と現実世界の折り合った接合、いわば二重見当識のような
ものである。本人はいろいろなことを気にして「だから変な症状をしなきゃい
けない」と考えている。セラピストもそれを気にかけて「だからこそ、この治
療をしましょう」と課題を提示している（表4-4）。

妹が安全で元気でいられるためにDさんができるおまじない

	Y＋13日(土)	Y＋14日(日)	Y＋15日(月)	Y＋16日(火)	Y＋17日(水)
朝食	×	○	8:30 いちごのみ○	○	○
自分で食べる		×	×	×	×
ダイニングをベッドとして		×		×	×
昼食	○	×	10:30○	○	11:30おやつ 14:00○
自分の手で	×		×	×	×
ダイニングをベッドとして	×		ダイニングで ○	○	○
18:00～19:00夕食	○	○	16:00 19:00○	○	×
自分で食べる	×	×	×	×	
ダイニングをベッドとして	×	×	16:00○ 19:00×	×	
散歩・外出	×	×	×	×	×
妹がケガ・病気を しなかった	○	○	○	○	○

● 上のルールを守ったら，許してもらえる可能性が上がる。
● 自分の目に自分の指を入れると，許してもらえる可能性はかなり減る。

表 4-4　活動スケジュール①

カウンセリング8～9回目

　Dさんは「こんな課題で妹は守れないからやらない」と言い張り，裸で立ち尽くしたり，弄便したり，保清を拒否したりしていた。

　便が出ても妹が帰るまで替えないと言い張る。妹がここにいるってことにして替えようと言っても，「ことにして」は嫌だと拒否する。妹がいると言っても，「うそやろ‼　替えるとうんこ触るで。おむつ替えたら脱いでおしっこするで‼」と言うが，「大好きなお姉ちゃんがそんなふうに言ってたら，妹は悲しむよ」と言ったりしていると，何とか終わる。

　主治医は「良いかわからないけれど何らかの変化が見られているので，このまま様子を見ましょう」と述べた。

一方この頃からおんぶされるのではなく，自分で歩いて何かをすることが増えたため，代謝や食欲の増進が期待された。Dさんからは「きっと許してもらえない」「許してもらえるかな」などの発言が増え，母が「誰に？」と聞いても無言のままだった。翌週は食欲増。3食＋α食べるぐらいで動いてダイニングで食べるようになった。横たわりが減り，外出できるようになったが，保清拒否は変わらなかった。

　小学校教師の家庭訪問について「絶対来てほしくない」と言うので，それを使って課題を作るようにした。

◉教師に家庭訪問を遠慮してもらうために
　　　母「ちょくちょくできなくて，○の数が足りずに，『先生呼ぶよ！』
　　　　と言うと，慌てて後日頑張るんですが，これでいいんでしょうか？」
　　Th「つじつまを合わせるために『ズルができる』というのは結局ルール内のことですので，おそらく良いことです。でもどうにもダメそうなら，遠慮なく先生を呼んでください」

外出する（自分で歩く）							
3食食べる	○	○	○	○	○	○	○
エレクトーンを弾く							
字を書く							
妹にTVをOKする							○○
自分で食べる							○
スクワット10回	○	○	○		○○		○○
ダイニングで食べる	○	○	○	○	○	○	○
水鉄砲で狙われる	○	○	○	○	○	○	
勉強する	○	○		○	○		○○
○の数	5	5	5	4	6	3	8.5
○の数が5個以上なら先生を呼ばない							

表4-5　活動スケジュール②

◉ ルール生成／変更のルールに支配されてみる

　本人と親が私の所属先（CBTセンター）に来ると，これまでの（妄想から作り上げてきた？）症状ルールとバッティングする（両立しづらい）治療のルールが生成される。後者は現実の随伴性を伴っていて，するといいことが起こり，しないと困ることが起こる。

　　　Th「私もあらゆる変わったルールを持つ人に合わせて，いろんなルー
　　　　　ルを作ってきたけど，結局私の作るルールの方が勝ってくるんだ
　　　　　よねえ」
　　　母「最近は本人なりに，ここに来て決まったルールは『守らないと』
　　　　　という風になっているようなんです」

　そのうち，セラピストではなく親がより適応的なルール（ハウスルール）を生成できるようになるといい。さらに，いずれ，本人がより適応的なルール（マイルール）を生成できるようになるといいのだけれど……とも思う。

◉ 会話 2──マジシャン

　カウンセリングルームで，Dさんが床に寝そべりながら「この服（上着）を脱ぐ。脱がせて～」と騒ぎ出す。母，セラピストはしばらく相手にせず話している。ところが，Dさんは上着をパタパタさせて「脱がせて～！　脱がせて～！」と騒ぎつづけた。

　　　Th「お，なんか，手品師みたいやね。上着からハト出てくるんちゃう？」
　　　 D「服脱がせてー」
　　　Th「ハト出してよー」
　　　 D「服脱がせてー」
　　　Th「ハト出してよー」
　　　 D「服脱がせてーハト出すからー」
　　　Th「え!?　まじで（笑）ハト出すの？（笑）」

　Dさんがニヤニヤしながら「ハト出すから服脱がせて」と言うと，セラピス

トは「ハト出すんやったら，脱がしてあげんとなあ。じゃあ，出してよ」と返す。

Dさんはふたたびニヤニヤして，上着のポケットからおむつを取り出し，パタパタと飛ばせて「ハトだよ〜ん」と言う。一同大爆笑。本人もまんざらでもない表情を浮かべた。

カウンセリング10回目

最初の1週間は調子よく笑ってばかりいたが，次の1週間は豹変して，怒ってばかりで「妹が本物か？」「自分は本物か？」と尋ねつづけた。数字の4と6にこだわっている。

 Th「(寝そべっている本人を向いて) Dちゃんは今日の目標をこれにしたいとかはあるかなあ？」
 D「……(こっちをチラ見して，無言)」
 Th「(わかってるね) なになに？ お父さんやお母さんの決めた通りで良いって？ ほんとに親孝行だねえ」
 D「……(不服そう)」
 Th「ということですが，お母さんとしてはどんなことを望んでいますか？」
 母「『自分の手で食べるようになってほしい』『トイレに行けるようになってほしい』『服の着替えのやり直し回数が減ってほしい』です」
 Th「ではそのあたりを目標にして記録をつけてもらいましょう」

◉課題：先生に家庭訪問を遠慮してもらうために
10回目の本人の課題は下記のようであった。

起きてからトイレに入る，トイレから出る，終わってから朝ごはん，暴力があったら母は2階に上がる，2回目以降は上がる時間を延ばす，ポールハンガーが倒れている状態で本人の「言い直して」要求に応じない，父がいるときは1食外で食べる，父がいるときに暴力があって謝罪がなければ，あやまるまで母はトイレにこもる。

カウンセリング 11 〜 12 回目

　このあたりでぐっと外出できる率が増え，7割ぐらい外出できるようになった。しかし一方で，思い通りにならないと暴力的になり，母親を叩いたり，ポールハンガーを引き倒したりするようになったため，暴力に対するタイムアウト法を用いることにした。

> 母「暴力が増えた。結構強く叩いてきて痛い。しょうもないことをたくさんしてきて，うっとうしいです」
> Th「（元気になってきた分，思い通りにいかなくて，イライラしてるんかなあ？）ではタイムアウト法をやってみましょう。そういった暴力行為があったときには，お母さんは娘さんから離れて，すぐ2階に行って5分ぐらい過ごしてください。本人の課題は前のままで」

　「暴力に対するタイムアウト法」の課題を実施した結果，暴力はマシになったが，タイムアウト時に物にあたっている。

カウンセリング 13 回目

　本人が課題を数日サボったので，いよいよ先生を家庭訪問に呼んだ。先生がいる間，本人は隠れていて，早く帰ってほしそうだった。
　Dさんは家で「飛び降りることしか考えられないけど，そうしない方がいいと思える」と述べる。
　今まで無理だった外食ができた。目標のトイレは無理だったので，代わりに「便を触らない」に変えた。

◉Dさんが妄想について初めて家で語った
　「自分のなかには"大事なの"がいる。"大事なの"は一番苦しかったときに支えてくれていた，私のことを愛してくれている存在。"大事なの"が消えてほしくない。いなくなったらどうしよう」と頻回に訴えるようになった。
　Dさんは自分のなかから"大事なの"が出ていかないか，消えないか，ずっと心配している。

日時・状況	娘の行為	タイムアウト	事後
例／リビングにて	耳のあたりに平手	2Fに5分	娘はYouTubeを見ていた 私は家事再開
X日 浴室にて	エプロンが足の裏に触ったと言って頭を殴る	リビングに5分	大声で叫んでいる 私は洗濯物を片付ける
5分後戻った浴室にて	何で放っといたんやと殴る	リビングに5分	先ほどよりは小さな声で「なんでやー」と言っている
5分後戻った浴室にて	「もう出て行かへんのか」とトントン触る		シャワー介助再開
X＋1日 おむつ交換中	手につけていたタオルを落としたと言って殴る	おむつ交換後2階へ	娘は叫んでいる ポールハンガーを倒している
キッチンで家事中	グレープフルーツを落としたり，ぶどうを潰したり，食洗機をもう一度やり直せと言ったりする／服を舐め（何度も）てきて，上に上がらないのかと言う	服を引っ張られるのを何とか拒否し，2階へ	同じ姿勢（ほぼ右足片足立ちのように）してじっとしている
オムツ交換中	濡れティッシュを使うなと背中を強く叩く	2階へ5分	同上
	何かしようとグレープフルーツを背中に投げつけてくる	2階へ5分	同上
X＋2日 YouTubeを見ている	操作の仕方が違うと言って顔を殴る	2階へ20分	「自分ー，自分ー」と叫んでいる

表 5-2　母親の課題「暴力に対するタイムアウト」

　セラピストから「じゃあ，家庭訪問も呼び終わったことだし，今度から『"大事なの"が消える／消えない』を課題のタイトルにして，活動目標を立てましょう」と提案する。

◉課題："大事なの"が消えないために今週頑張ること
　汚れたオムツを触らない，外に出る，外で食事，終わってから朝食，ポール

ハンガーが倒れていても直さない，お風呂に入る，（母は）激しい症状時は近づかない，（母は）症状がないときに近づく——これらを課題とした。

そうこうしていると隔日外出可能になり，母の友達の家に一緒に出かけて遊ぶこともできた。

> 母「家でこの子は『自分は元気になってはいけない』『私はもう死んでいるので』とよく言います」
> Th（Dさんに向かって）「『もう死んでいる』ってことにすれば，いろいろできることもあるんだね。『お前はもう死んでいる』っておじさんの時代のマンガ『北斗の拳』みたいでカッコイイね」

一方で家では穏やかにしている。隔日シャワーか外出が可能になり，また外で食事できた。

中間まとめ

◉ ケースフォーミュレーション——禁止ルール vs. すり抜け（手抜き）／ズルの拡充

Dさんは自分のなかにある幻聴を消さないために，『歩いてはいけない，見てはいけない，楽しんではいけない，笑ってはいけない，良くなってはいけない，階段を登ってはいけない，字を書いてはいけない，生きていてはいけない』など種々の禁止ルールを述べた。しかしそのことはすごく不便で，家族に不評で，自分でも禁を犯してしまうことがしばしばだった。

そこで，彼女があみ出した折り合い方が，もし禁を破って歩いたとしても「家族に『今歩いていないよ』と言ってもらったらOKとすること」であった。この"すり抜け"によってできることは飛躍的に増えた。

一方で，相変わらず家族の手間は多かったし，なにより症状が置き換わっているだけであった。

そこで，セラピストは「今〇〇してないって言って」とDさんにせがまれても，「〇〇してないことにしておこう」と応じるよう親に伝えた。これは，禁止のルールを破る責任を親に追わせようとしていた巻き込み症状をDさんに返すことになってしまうので，当然Dさんは猛反発した。つまり症状にうまく当たっている課題だった。そのように症状の「わらしべ」を変更していくことで，面

白おかしくルールをごまかして，すり抜けるズルを拡張していった。このように症状を置き換えながらも，現実生活の拡張を目指して介入していった。

◉ 禁止ルールをごまかし，すり抜けるズルの拡充

してはいけないとなっている禁止事項をいかに「……ということにする」というすり抜けで骨抜きにしていったかについて，以下に列挙する。

- 歩いてはいけない
  すり抜け→歩いていないことにする
  結果→歩く
- ベッドで食べなくてはいけない
  すり抜け→ダイニングをベッドということにして食べる
  結果→ダイニングで食べる
- 清涼飲料水以外飲んではいけない
  すり抜け→飲み物に「清涼飲料水」とマジックで書く
  結果→飲む
- 4,000回繰り返さなくてはいけない
  すり抜け・結果→「よんせん」と言いながら1回する
- 私は生きていてはいけない，楽しんではいけない，新しいことをしてはいけない
  すり抜け→もう死んでいることにする
  結果→死にながら楽しいこと／新しいことをする
- 一生幻聴が消えてほしくない
  すり抜け→「新しいことをしたら幻聴は消えない」と伝える
  結果→新しいことをする
- 学校に行ってはいけない
  すり抜け→「適応指導教室2」ということにする
  結果→学校に行く

事例❹（後編） 動くことがままならない子

　事例Dの前半は，セラピーが進んでいるのか戻っているのかすら曖昧な状態をくぐり抜け，一定の関わりのフォーマットができあがった。本人は症状を訴え，セラピストはそれに程よく構いながらも機能障害が回復するような行動課題を出し，家族がそれを遂行した。どこへ向かっているのかは定かではないが，少なくとも展開しているという実感が出てきたというところだろうか。

　後半では社会復帰が進むことで，できることが爆発的に増えた。ここにはセラピストの反省もある。教室復帰を果たすまでの本人家族の闘病が見どころである。

カウンセリング 14 〜 15 回目

　Dさんは家で穏やかにしている。隔日シャワーか外出が可能になった。"大事なの"は「マミー」と名称変更される。食事は自分でできるようになる。母の友達の家に遊びに行っている。福祉サービスを申請中。

> 母「『わざと固まって，タッチしてほどいてもらう』が増えています」
> Th「じゃあ，課題を頑張ったかどうかで，タッチ回数を増減させるようにしてみましょう（症状のトークン化）」

◉ 課題：「元気になってもマミーが消えず優しいために」今週頑張ること

　洗面器に排尿便する，トイレに30秒入る，父親に優しくする，玄関の外で何かする，外出して店に入る，入浴する，9時までに100g以上食べる，家族以外と触れ合う，勉強を30分する，自分で歯磨きする，適応指導教室に30分以上滞在する──これらを課題とした。

　○なら2回，△なら1回，固まるのをほどいてもらえるタッチ回数が増えることとした。

カウンセリング 16 〜 18 回目

　課題は比較的頑張ってやっている。トイレで用を足すのはどうしても難しいが，折り合って（？）風呂場で洗面器に排尿便するようになり，おむつを使う

ことは減った。外出や入浴はコンスタントにできて，食べさせなくても自力摂食が可能になっている。

以前はドライブしても車から降りなかったのが，今は車を降りて店に入れるようになり，最近では店で欲しいものを選べるようにもなった。

ただ，外出時にくるくる回ったり，他の人にも触れてしまうのに両親は困っている。そこでセラピストから次のように声をかけた。

Th「（マミーがいなくなると困ると主張しているので）外でくるくる回ると遠心力でマミーが飛んでっちゃうし，他人に触れるとそこからスルッと抜けて他人の方に行っちゃうよ」

建物の2〜3階に上がるのは，自分が「飛び降りしない」と決心しているのが揺らぐので嫌だと言う。

そこで，これまではできなかった新しい行動を促すと……

D「それをしたらマミーがずっと一生一緒にいてくれるんやな？」
母「うん」
D「じゃあ……」

……というやりとりを経て，これまで拒絶していたさまざまな行動が可能になった。

福祉サービスのスタッフが週1回来てくれて，3回目は一緒に花火をした。

カウンセリング19〜21回目

Dさんは依然として，ひたすら自分で固まって，母親に「触って動けるように解いて」と要求する。

D「こんな変なことをしてまで頑張ってマミーと一緒にいようとしているんだ」

このように主張して，わざと不適切な行動を選択しているように母親として

は思う。

> D「私は楽しんではいけないし，楽しんだとしたらその分，自分に罰
> を与えないといけない。何か楽しかったら釣り合いを取るために
> 変な儀式をして謝罪しよう。どれだけ苦しくても辛くても，自分
> で儀式を止めてしまうと，家族に不幸が起こるとか，マミーがい
> なくなるとか，大変なことが起こる。だから自分以外の人間に儀
> 式を止めてもらおう」

そんな理屈で母親や妹にタッチを要求している様子で，幼い妹が姉に合わせ
るのに疲れてきている。一方で，外で他人に触ったり回ったりはなくなった。
セラピストは，それなりに外出ができるようになってきたこともあり，ご両
親の依頼を受けて地域の教育委員会のケース会議に出席し，「適応指導教室を
使わせてもらえないか？」と尋ねてみた。すると，次のように言われた。

- 来ても月1回しか見られない
- 他の子の迷惑だ
- そもそも病気の子は見られない
- そんなに何もできないのなら，来る意味がない
- 階段を登れないのは本人が来たくない証拠だし，まだ来たくない子は無
  理に来させない方針である

後でこそっと教育委員会の人たちから，「適応指導教室のスーパーバイザー
の臨床心理士が受け入れを拒否している」と教えてもらって，本人と一度も面
接しないで，病名を聞いて拒絶するのは不誠実だと私は腹が立った。
そこでシェイピング法として，別に許可を取る必要もない適応指導教室の隣
にある神社で勝手に遊ばせることにした。また本人が「自分で意図した行動を
取ってはならない。あくまで『させられた』ということにしないといけない」
と主張するので，能動的行動を取れるようになるために，自分の選んだ葉っぱ
と枝を拾ったり貼ったりする課題を出した。
そして，教育委員会には「危険があるかもしれないから適応教室に入れない

とする判断はわかった。そこで、隣の神社で遊ばせておいて、挨拶にも行かせるから、病名で拒否するのではなく自分たちの目で見て判断して、危険な存在なのかどうかを確かめてほしい」と伝えた。母親にも、神社に遊びに行く前に教育委員会に一報入れて、帰る前も挨拶してから帰るよう伝えた。いわば、本人、母親、適応指導教室、いずれにとっても、中間的な場所でお試し期間を設けることにしたのだ。

カウンセリング22回目
◉ 課題：神社の周辺で遊ぼう

気に入った落ち葉を5枚拾う、気に入った枝を5本拾う、葉と枝をノートに貼り付ける、上に字や絵を書き込む、ちょっとしたお菓子を食べる、適応指導教室の人に会う、適応指導教室の職員に会釈する、適応指導教室の人に話しかける、適応指導教室の階段をのぼる、適応指導教室の階段でグリコをして遊ぶ、適応指導教室職員と一緒にいる——これらを課題とした。

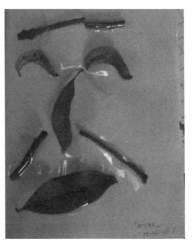

課題の成果「西川先生」

それとは別に、確かに教育委員会や適応指導教室のサービスに合わせるためには、それら社会的文脈に沿って、Dさんが一定の行動ができる必要があった（適応指導教室の洗面器に排便するわけにもいくまい）。

そこで、思い切って全反応妨害法（フラッディング）を設定して、母親の助けで行っている儀式に対して、母親がほとんど全部付き合わない設定を作った。母親に目立った儀式をリストアップしてもらい、儀式補助要求には応えないことを母親自身の課題とした。リストを見ると、あらためて「お母さん、大変やな」と思った。

◉ 母親のフラッディング課題：儀式への協力をやめる

母親には次のような課題を提案した。

時計を指差されても時計を見ず返事もせず，離れる。服の袖に左手を通すのを手伝ってほしいというジェスチャーが出ても，手伝わずに離れる。着替え後に湯舟に頭を突っ込んでいたとしても，風呂場に行かない。ジュースを飲む前に呪文を唱えることを要求されても離れ，枕に頭をつけているときに，「リビングでジュースを飲みなさい」と繰り返し言う。布団に連れていってほしいというジェスチャーが出ても，家事を続ける。外出前に玄関からリビングに戻るジェスチャーが出ても，応じない。車に横座りしたときに，脚を戻すよう伝え，じわじわドアを閉める。車から降りるときに，「降りて」と伝えながら，軽く肩に触れる。階段をおんぶする要求があっても，手をつないで登るように促す。戻るように手を引っ張られても，電信柱になって動かない。昼ごはんにグレープフルーツも含め，リビングで食べるように促す。マミーがいるかという確認があっても，その場を離れる。

　上記ができたら，入浴時に手や足を濡らさないことに協力する。

そんな折，母親からメールが届いた。家でDさんがこんなことを言っていたらしい。

　D「誰にも言わないで。実はもうマミーは私のなかにいないし，声も聞こえない。『私と一緒にいたら不幸になる。一緒にいるのが嫌』と言って離れていった。私が裏切ったんじゃない。私はマミーのためなら変なことをしても死んでもいいと思っていた。でも，いなくなったからといって，今すぐ変な行動を急に止めて，『自分が別れたかった』と思われるのは嫌。今もマミーと一緒にいたいと思っているし，幸せにしてあげたいと思っている。マミーと別れたことは私にとってすごく辛い。そんな気持ちわからないやろ」

　Th（うーん，ロジックが複雑だけれども，これもまた，ひとつの落としどころというか，折り合い方なのかな。じゃあ，私もマミーからの置き手紙を書いて次に渡そう）

● マミーからの手紙

　マミーがDちゃんのしんどいときに支えていたのは，Dちゃんに健康になってほしいからです。

　Dちゃんがしんどいときには，マミーはしんどいときなりに，あれこれへんてこな指示を出したりしていました。

　しかし，それは健康になりつつある今もそのようにしてほしいということではありません。

　固まったり，儀式をしたり，口に入れるべきではないモノをくわえたりすることを続けると，マミーもだんだんDちゃんに飽きてきてしまいます。

　せっかくしんどいときにあんなに支えてきたのに，今も健康じゃないままだとマミーは悲しくなります。

　Dちゃんがより元気で健康になればなるほど，マミーは喜びます。

　さしあたってはカウンセリングの課題をこなしながら，マミーばかり，母親ばかり，お家ばかりにならないように過ごしていくことがマミーにとって一番の願いです。

　カウンセリングルームに母子が来談してその話になったときに，「そういえば，ちょうどこないだうちにマミーが来て，そのときDちゃん宛の手紙を預かってるよ」と印刷して手渡した。

　Dさんは，なんとも言えない憮然とした顔をして，手紙を受け取った。

カウンセリング 23 〜 26 回目

◉ 行動レパートリーの増大

　家族3人がニコニコしながらカウンセリングルームに入ってきて，いつもは床に寝そべるDさんが，なんと椅子に座った。

　　Th「（驚愕して）い，いつから!?」
　　母「最近座れるようになったんですよ。外でもソファーとかにも座っています」

しかし，Dさんの進撃はそんなものではなかった。

トイレで排尿便できるようになり，おむつが外れた。着座，階段昇降も可能になった。神社で物を拾って，100均の材料なども合わせて家で制作した。福祉職員といることが増え，親抜きで2人でカルタができた。美容院に行って髪を切った。漫画を読むようになった。外出や食事がより自由に，アバウトになった。適応指導教室にも行けるようになった。

私はできることになったことのあまりの多さに驚いて（うーむ……教育委員会や適応指導教室からの社会的要請に合わせて課題を出したらぐっと良くなったなあ……。てことは，結局私が目の前の本人の症状の程度に合わせて，適切ではない課題を出しすぎていたんだなあ……）と思った。

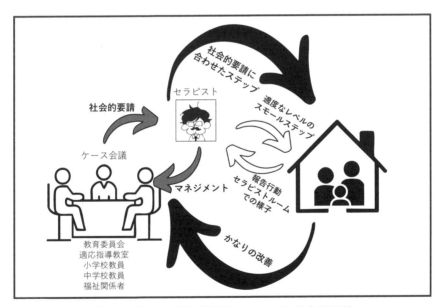

図4-9　Dさんを取り巻くシステムと社会的要請

◉ セラピストのルールと随伴性

当初は家族からの報告と本人の様子を見聞きして，状態に合わせたスモールステップの課題を出していた（図4-9の白い矢印）。しかし，ケース会議で社

会資源の利用を検討したところ，さまざまな関係者から「うちを利用するなら，こういうことができないと困る」という社会的な要請が出された（グレーの矢印）。そこで，社会的要請に合わせて，本人の状態から考えてスモールではないステップを課したところ，驚くほどの改善が得られた（黒い矢印）。

「『家の様子の報告や，ルームの本人の様子に適宜合わせて課題を作成・修正すると，次回の課題達成率が向上し，本人の適応が上がる』というルールに支配されることが，必ずしも本人の病態水準に適した課題を作成できるということではない」という随伴性にセラピストがさらされたことになる。別の言い方をすれば，セラピストとして当たり前のように"本人の病状に合わせて"課題を作成してきていたが，本人の病状に合わせず"環境の求めに応じて"課題を作成したら，一気に良くなったということに，セラピストとして反省させられた。

実際こういうことは，よくある。セラピーのなかで，「セラピストが課題を出し，クライアントがある程度それに応える」という関係がいつしかナアナアになってしまい，緊張感をなくしているのだ。いわばセラピーの中だるみだ。それはセラピーの進捗が緩いことをクライアントの病気のせいにして，委ねてしまっているに過ぎない，セラピストの手抜きなのだ。

◉ 課題：儀式妨害をする
母親からは次のような悩みも告げられている。

> 母「今困っているのは，とにかく朝の儀式がくどいことです。特に服の着脱や，行動の順番に関する儀式。タッチ要求は相変わらず多いです。私が断ると余計に一人でやる常同行為が増えてしまいます」
> Th「自立して行動できるように，あるいはせめて情動行為の数や巻き込みの頻度を減らすように課題を工夫してみましょう」

妹がワンタッチで起きた日は，Dさんもワンタッチで起きる。服を自分で脱ぎ着する。母は手伝わず，離れる。風呂桶に頭を突っ込まない。本日の目標を立てる。字を書く／絵を描く。エレクトーンを弾く。車からワンタッチで降りる。外出先で，何か口にする。1日5カ所座る。口パクやジェスチャーで何か

伝えようとしても，対応しない——これらを課題とした。

　課題の下に，次のようなメッセージも付けた——「Ｄちゃんが良くなってい
くことは，家族にとっても，Ｄちゃんにとっても，他の誰かにとっても大変う
れしいことです。『じゃあ，まあ，いいか』で済ますことができるように，『ジャ
マイカ，ジャマイカ』と唱えるようにしましょう」。

◉ 課題：だんだんフツーになっていく
　母親からまた次のような報告もあった。

　　　母「最近は私が儀式を手伝う代わりに，本人が『後で（がんばって）
　　　　　○○するから』と取引を持ちかけてくるんです」
　　　Th「うーん，行動の前に報酬を渡してしまうのは，あんまりお勧めで
　　　　　はないのですが，実際どうなるんですか？」
　　　母「自分で宣言したことは，実際8割ぐらいすることが多いです。あ
　　　　　と今日は何を頑張ろうかと本日の目標を決めています」
　　　Th「（おお！　本人と家族でルール作れるようになってる！）それは，
　　　　　大変いいですね。先払いの報酬で後から頑張れるなんて，なかな
　　　　　かできることじゃないですよ。有言実行ですね。その調子ででき
　　　　　ることを増やしていって，フツーっぽく振る舞いましょう」

　妹がワンタッチで起きた日は，Ｄさんもワンタッチで起きる。服を自分で脱
ぐ。服を自分で着る。本日の目標を立てる。字を書く。右手でごはんを食べる。
食べこぼしがあったら，母親の掌に触れる。トイレで用を足した後，自分で拭
く。髪の毛を自分で手入れする。はさみを使って，紙や毛糸を切る。靴を自分
で履く。外出する。母親は娘が口パクやジェスチャーで何か伝えようとしても，
対応しない——これらを課題とした。

　課題の後ろに「Ｄちゃんが病気のままでいようと頑張ると，周りの大人は疲
れてしまいます。病気のままでいくか，フツーにするかなら，できるだけフツー
にする方を選ぶようにしましょう。『これからだんだんフツーの女の子に戻り
ます』と鏡に向かってつぶやいてみてください」とメッセージを書いておいた。

　その後，再びケース会議が開催された。市役所，小学校長，別室指導員，中

学校教師，教育委員会，適応指導教室所長，そして私で行われた。いよいよ2学期も終盤で，進学の相談が必要だったのだ。

　私は，通常学級は難しいと思うので，進学後中学校では特別支援学級に入れてほしいと要求したところ，教育委員会からは進学先の中学校に自閉・情緒の学級はなく，新設することになるが，これまで統合失調症という病名で特別支援学級を新設したことはないと渋られた。一方，中学校からは「病名はまだなんとかなるにせよ，学校に全く来ない子のために特別支援学級は作れないし，教師とコミュニケーションが取れないとどう扱っていいかわからない。だから中学校進学に備えて，小学校に通学し，教師と関係を作れるということを示してほしい」と提案された。

　会議のなかで教育委員会，適応指導教室共に，Ｄさんがどんな様子か，いかに頑張っているかを熱心にPRしてきた。私は内心（最初来所することさえ拒否していた割に，えらい手のひら返しやな……）と思ったが，それこそがこの治療を支えつづけてきたＤさんの魅力に他ならなかった。Ｄさんは大変にチャーミングで，ハトも出せて，接していると助けてあげたくなるような感じのお子さんなのだ。だからまあ，隣の神社で接触を開始した時点で，メロつくことはわかっていた。

　会議を受けて私が小学校に出した指示は，次のようなものだった。

1. 小学校教師が本人と手紙のやり取りをしたり，家庭を訪問したりする
2. 本人が適応指導教室に通っているときに偶然を装い教師が訪れる
3. 年明け（来月）から小学校に通学する手配をする

　これらを受けて，小学校の教師たちは「ようやく我々の出番だ」ととても張り切った。

カウンセリング 27 〜 28 回目
◉ケース会議報告と作戦会議
　Ｄさんは「年明けからフツーになる」と宣言し，「今年のうちに……」と頑張って変なことをしている。京都で祖父母の法事に参加でき，大阪で妹のバースデーを祝えた。風邪を引いた際，これまで拒否していた薬も飲めるようになった。

お箸も使うようになった。家で宿題をするようになる。テレビを観る時間が増えた。昼食時も観ている。指編みやテレビやマンガやおやつ作りをして過ごしている。家で「何したらいい？　どれからしたらいい？」とよく聞いてくる。

　つまり，親子で話して，今日は何をするかを決められている（ルールの生成）。

　　Th「Dちゃん，こないだの会議で適応指導教室の先生とか，放課後児
　　　　童デイサービスの先生とかが，いかにDちゃんが頑張ってるかを
　　　　自慢気に話してたよ〜。そのなかですごく羨ましそうというか，
　　　　寂しそうな人たちがいたんだ。それは小学校の先生たちなんだ。
　　　　来年から普通になるって言ってるらしいし，普通ってことは当然
　　　　学校に行くんだし，今からそのことについて準備しようね」
　　 D「んー！　うー！（不服そう）」
　　 母「Dちゃん学校やって」（めちゃめちゃうれしそう）
　　Th「とりあえず，小学校では字が書けた方がやりやすそうなので，そ
　　　　のあたりもトライしていきましょう」

◉ 課題：だんだんフツーになっていく（自律的に動けるようになる）

　そんなわけで，Dさんが母親の手を離れて自律的に動けるようになることを目的として，課題を立てた。

　服を自分で2分以内に脱ぐ。服を自分で5分以内に着る。本日の目標を立てる。右手でひらがなで字を書く。右手でハシを使ってごはんを食べる。トイレで用を足した後，母親に紙を渡されて，後自分で拭く。髪の毛を自分で手入れする。靴を自分で履く。外出する。外出先で母親と離れる。外出先でフツーモードのDちゃんに変身する（そのための儀式を行う）——これらを課題とした。課題の下には次のようなメッセージを添えた。

　　「Dちゃんが元気になってきて，周りの皆はとても喜んでいます。Dちゃ
　　んと会えている周りの大人は皆うれしそうにDちゃんのことを話して
　　います。小学校の先生方は，少し羨ましそう，寂しそうです。フツー
　　の状態になるのはまだちょっと疲れるけれど，少しずつそうしていら
　　れる時間を増やしてみましょう」

◎ 28回目の経過

適応指導教室や放課後等デイサービスでは母親なしで1時間くらい過ごせるようになり，適応指導教室でスクールカウンセラーと面談し，小学校の校長先生も来てくれた。適応指導教室のイベントにも参加できた。

小学校の教師と手紙のやり取りを開始し，友達も手紙を書いてくれた。学期末に懇談して年明けから校長室登校を開始することになった。それから週2～3日登校して，卒業文集を書くことを目標にした。最初は英語で書いたが，途中から日本語で書き直した。

◎ 小学校での過ごし方

小学校の先生方も，長らく休んでいた，かつ聞きなれない病名の子どもにどう接していいかわからなかった様子だった。そこで教師の緊張を和らげるために，「こんな感じで接しましょう」というお気楽な目標を立てた。教職員は子どもと近づくプロなので，近づいてしまえば後はどうにかなるだろうと信頼していたからだ。

フェードイン手続き
1. 学校の人がいない校長室で，母親と，福祉スタッフと，「あっち向いてホイ」をする
2. 1の最中に学校の人が5分ほど様子を見る
3. 学校関係者が来て，しばらく関係のないことをして，去っていく
4. 学校の人が固まっているDさんを25回つつく
5. 学校の人が固まっているDさんをくすぐる
6. 学校で皆でスクイグル（ぐるぐる描き）をする
7. 学校の人がいるときに，母親がトイレなどで中座する
8. 学校の人がいるときに，母親が30分ほど中座する
9. 学校の人がいるときに，母親が1時間ほど中座する
10. 学校で宿題をする

そして，実施した日時と，学校でやったこと，Dさんの固まり方（バリカタ，ふつう，柔らかめ），その場にいた人を記録するよう伝えた。

ところがDさんは「どうしても学校には行きたくない！」と強く主張した。母親は機転を利かせて「学校ではなく，『適応指導教室2』だよ」と伝えた。そうしてDさんは「適応指導教室2」に登校を再開した。

◉突然の2人きりの時間

カウンセリングの終了間際，突然Dさんは，「ちょっと私だけで話があるから」と言い出し，両親は「よろしくお願いします」と，そそくさと退出した。

　　　Th（な，何の話だ??）
　　　D「自分でも変になってやっているときと，そうじゃないときがある。そ
　　　　うじゃないときはわざとやってるみたいに取られるし，そういうこ
　　　　ともあるんだけど，わけがわからなくなってやっていることもある
　　　　から，そのことをわかってほしい。全部わざとやってるんじゃない」
　　　Th「混乱から来る行動と，わざとやっているのは違うってこと？」
　　　D「そう，そんな感じ。それさえわかってくれたらいいから」

そうやって言いたいことだけ言うと，Dさんは立ち去っていった。

カウンセリング29～30回目

◉母親から見たルール支配と随伴性

「セラピストに提示された症状へのリアクションは母として私が担わなければならない。それで暴れたとしても何も変わらないよりはマシで意味のあることだ」というルールに，母親が支配されることで，眼の前で起こる娘の激しいアクション（随伴性）に即座に振り回されず，計画的な対応が可能になる。これは，ルールに従うと随伴性に鈍くなるという法則を用いている。

◉「ルール支配」と「随伴性」のシーソー

ルール支配と随伴性はシェアを取り合うシーソーの概念で，片方が強くなると，もう片方が弱くなる。セラピストの提案に従うのは「ルール支配」で，それが「娘が暴れる」という結果をまろやかに感じさせる。懐に「一片のパン」があるという希望を持つだけで，空腹や絶望に打ち勝てることもあるのだ。

しかし、「指示通りやっているけれど、いつまでも手がかかる」「あいかわらず娘に暴れられ、罵られつづける」という事象が続けばどうだろう。確かにできることはどんどん増え、生活圏もどんどん拡大している。ただし、相変わらず娘は暴れたり暴言を吐いたり、了解不能な言動・行動を取りつづけるのだ。そうすると、母親のなかでも、セラピストの言う通りにやっても、「いつまで病気が治らないじゃないか」と思われてきて、どうしてよいかわからなくなる。

それらが高じたのが、最終的に主治医とセラピストを変更したいと母親は判断するに至った。

◉母親が困っていること

「固まる」→「タッチしてとせがむ」→「タッチすると、『もっと』とせがむ」。母親もこの流れにももう慣れたので、普段の状態であれば、固まったままでも放置しておける。

ただ、母親がすごくしてほしい行動（例：学校に行く、病院に行く、入浴する、外出する）のときは、タッチの要求に応じてしまう。

> Th「学校も楽しみにしているし（強化子化）、そろそろタッチ要求と登校を天秤にかけるようにしてみては？　食事も後には他の行動を増やすきっかけになったわけですし」
> 母「せっかく学校に行きはじめて、卒業まであと10日しか登校日がないのに、それを質に入れるのは嫌です」
> Th「まあ、そう思われるのも無理ないです。お母さんがそう望むのであれば、その気持ちはうまいこと病気に使われちゃうでしょうね」

それを聞いた母親は不服そうにしていた。これを受けて、29・30回目の課題は下記のように設定した。

◉課題：さらにフツーになっていく

服を自分で2分以内に脱ぐ。服を自分で10分以内に着る。着るときに渡してもらう服の数を少しずつ減らす。右手でひらがな／漢字を書く。トイレで小用後に自分で拭く。散歩・運動（なわとび）する。外出する。学校に行く。毎

日外で10分以上母親と離れて何かする。そのうちフツーでいられた時間，タッチの回数を数える。パパの喜ぶことをする。ママの喜ぶことをする。妹の喜ぶことをする。本日の目標を立てる——これらを課題とした。セラピストからは，課題シートの下に次のようなメッセージを添えた。

> 「1月から行動範囲も増えて，混乱することも多いと思いますが，それなりに変なことをしたり，固まったりもしながら徐々に慣れていって，落ち着いて動けるようになりましょう。今年もよろしくお願いします」

その後の中学生活

　無事に中学校には情緒障害児学級が新設され，本人は毎日そこに通うようになった。学校では本人好みの若い女性が担任で，マンツーマンで面倒を見てもらってうれしそう。学校でちやほやされている。家では，相変わらずマミーがどうこう言っている。相変わらず奇妙なルールを作っては，それを守っている。テストなどはプレッシャーなようだが，頑張って取り組んでいる。夏休みは遊園地に行くことができ，運動会にも参加して，ハンドボール投げをしたり，よさこいを踊ったりしていた。

治療の終結

　母「『私がこの子の本当の気持ちを受け入れることができたら，この病気も治るんじゃないか』と思うので，今後は家族療法の治療をしたいと思ってます」

　父「娘がここまで良くなったのは，間違いなく先生のおかげだと思っています。しかし，私は仕事が忙しく，メインで娘に関わるのは妻ですので，妻の意思を尊重したいと思います」

　Th「(まあこの辺が潮時なのかもしれないな) なるほどですね。では，紹介状書きますね」

　ここで認知行動療法は終結し，通院先も変え，そこで家族療法のカウンセラーに担当が移ることとなった。元の主治医，私，引き継ぎ先のカウンセラーで一度支援会議を開き，先方の主治医にも情報提供して引き継いだ。

大事なことは，本人・家族に選択肢があることだと思う。

後日父親が一人でやってきて，おいしそうなワインを1本，「お世話になった御礼に」と持ってきた。どうしようか迷ったが，まあええかと受け取ってありがたくいただいた。

結果と考察

前半と後半に分けて紹介した事例Dをまとめて振り返ってみよう。

摂食回数については，なんとか1食食べていた状況から2食，3食と食べられるようになるまで，約50日を要した。

本人が動かないという問題については，母親の接近の制御でなんとか動かすようにしていったところ少し動きが増えて，お腹が空いたのか食べるようになった。そうしたことで，食べ物を強化子としてお皿やリビングに向かって動かすようになり，良い循環が生まれた。その後，適切な場所で，適切な時間，適切な量を食べるように促した。また食べ物で自発的行動を増やしたり，こだわりを減らしたりもした。

排泄行動に関しては，当初はおむつを使用しており，弄便もあった。トイレを使用するよう促すも半年近く改善がなかったが，風呂場で洗面器にするのであれば良いと折り合ってくれたのをきっかけに事態が進んだ。その後はおむつとトイレの併用，トイレのみ使用（おむつ不使用）となるのに約1年間かかった。

外出については，家にいる以外は通院と来談しかなかったが，そのうちドライブに行ったり，家の外に出られるようになった。かなり後の方になってから，適応指導教室や放課後等デイサービスに通えるようになり，母親とも離れて過ごせるようになった。そして，学校に別室登校するようになり，まる1年をかけて，ついに教室で過ごせるようになった。

精神科医が総合的に判断した記録は以下の通り――GAFは入院時8，退院時は9であった（GAFとは，Global Assessment of Functioning の略で，日本語では「機能の全体尺度」と呼ばれる）。以後，9（＃5）→11：危険な自傷行為が消失したため（＃10）→12（＃15）→18：保清可能となったため（＃20）→23（＃25）→32（＃30）とDrに判断された。主治医によると学校で勉強ができ，学校生活がそれなりに水準の下限は40であり，もう一歩というところであった。ちなみに寛解と呼べるGAFの値は60，平均は80である（図4-10，表4-3）。

第 4 章 認知行動療法の事例検討会——5 つのケースとディスカッション

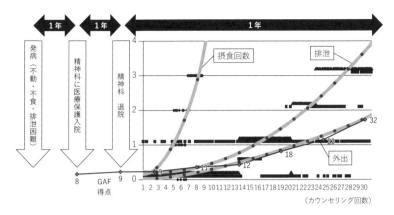

GAF：機能の全体評定尺度の推移，ならびにそれぞれの症状回復を順序尺度化し，グラフにまとめた
摂食回数：0＝不食，1＝1日1食，2＝1日2食，3＝1日3食
　　排泄：1＝オムツ使用，2＝オムツと"風呂場で洗面器"併用，3＝オムツとトイレ併用，
　　　　　4＝トイレ使用（オムツ併用）
　　外出：0＝家のみ，1＝病院・カウンセリング・ドライブ，2＝適指・放デイ，3＝学校（別室），
　　　　　4＝学校（教室）

図 4-10　事例の回復に関する全体的なまとめ

介入前	介入後
食事をなかなか摂らない	食事を摂るようになる
寝ている部屋から動かない	歩き回るようになる
唾液を垂らしまくる	唾液を垂らさなくなる
自傷行為，自殺念慮／企図	アクティングアウトがなくなる
保清を拒否	入浴するように
オムツで排尿便し，替えさせない	おむつなしにトイレで排尿便する
家族以外としゃべらない	家族以外と交流する
幻聴に支配され気味？	幻聴は消えた？
変なこだわりによってのみ制御	セラピーのルールと本人と家族の折り合いで制御
外出しない	中学校に毎日登校
母から離れられない	母と離れて過ごせるように
字を書かない	字を書く
不登校	教室復帰

表 4-3　介入前後比較

事例のまとめ

　この事例Dでは，まず生命維持に必要な，家族の負担の大きい症状（摂食，排泄，保清）にターゲットを絞って，それらの不適応行動が出現しづらいように勾配の付いたルールを当て返した。それらの行動がもたらす不便さが大雑把に片付いたところで，次に社会参加を阻害する症状（歩行や外出や表出）を減らし，社会参加を促進するルールを形成した。ライフラインが確保され，生活に幅が出て，以前の自室から動けない状態よりは学校で豊かな刺激環境下に置かれるようになった。

　しかし一方で，統合失調症の症状が良くなったのかと言われれば，あまり良くなったように思えない。それは「生活障害としての大幅な改善」がありつつも，「疾患としての小幅な改善」であるようだった。

　そもそも認知行動療法は病気を治したりもするものだろうか？　本事例においては「できない行動ができるようになった」というより，「（できるけど）しない行動をするようになった」ので，条件付けというよりルールや関係フレームの変更のような変化が起こっていると解釈できる。Dさんは無限に症状ルールを生成できるが，セラピストも無限に治療ルールを生成できる。Dさんが無関係のもの同士を結びつけて症状化するなら，セラピストも同じ仕組みを利用して無関係なもの同士を結びつけて治療ルールを作成する。

　本人は幻聴・妄想についてほとんど語らないので，存在するのか，どんな機能かはセラピストの類推に過ぎず，分析しづらかった。「（名無し）」→「大事なの」→「マミー」→「消えたマミー」などと表現は変化していったが，課題の前後に盛り込むぐらいしか対応しようがなかった。なにより本人は「それらを大切にしてなくしたくない」とたびたび口にしており，「症状をなくしていくこと」がセラピストと本人との間で共通の目標になりえなかった。

　本人の「症状を生成するルール」や「わざと変なことをして良くなった分，釣り合いを取るルール」は変わらず残っているので，家族（特に母親）が常に疲弊気味であった。本人の母親への過剰な接近もあって，介入のほとんどは母親のやる気に依存していたが，それによって母親が疲れてしまったところをセラピストがうまくフォローできていなかったのが悔やまれる。最終的に別の治療者に変わりたいという母親の希望も，そういうところから来ているのかもしれない。

Q&A

かなり複雑な事例で圧倒されました。前提知識の不足で理解しきれなかったものの，統合失調症に対する認知行動療法の事例として大変勉強になりました。

出てきたたくさんの困った行動一つひとつを丁寧に，しかも並行で扱っている。オーガナイズしているセラピストも，それに応えて動いているクライアントさんも「すごいな」という感想です。これほど錯綜したケースに粘り強く取り組むには「少しずつ改善に向かっている」という手応えが必要だと思うのですが，この方にとってどの部分（変化）が手応えだったのでしょうか？

行動療法は「症状のもぐらたたきを行っていて，根本的な解決になっていない」と言われることがありますが，もぐらたたきに付き合うことが大事なこともあるのだと感じました。

どうにもならなさそうな状態であるのに，カウンセリングで改善が見られたことがすごいと思いました。

その昔，「統合失調症の方は，とにかく扱われずに放置されているので，それなりに扱えばそれなりに良くなる」と統合失調症CBTの専門家が言っていました。不思議な症状が多い分，新たな技法を開発する楽しみも多いので，皆さん是非チャレンジしてみてください。親御さんにとって1ミリも良くならなかった来談前の2年間が絶

望的だったので，この取り組みはワラにもすがる思いだったのかもしれません。叩いているうちにモグラの顔も可愛くなってきたりして，変化がありますから，どんな困難な症例でも，粘り強く関わっていれば鳩が出てくることはあるのです。

*　　　*　　　*

ルール支配行動と統合失調症がどういう状況で関係していくのか，説明がとてもわかりやすいなと思いました。

「疾患そのものを改善する」ではなく，疾患の特性（幻聴）を活かし，本人のルールに沿ってセラピストもルールを構築し，そのルールに沿った行動のなかでより適応的な行動が増えるように関わっていくという理解で合っているでしょうか？

他の説明方法がうまく思いつかなかったので，珍しくルール支配を使用してみました。幻聴の有無は私には感知できませんでしたが，それらに関わる本人の行動を「幻聴行動」として活かしていたのだと思います。幻聴のルールにせよ，家族のルールにせよ，セラピストのルールにせよ，しょせん人類は何らかのルールからは逃れられない生き物なのです。

*　　　*　　　*

第4章　認知行動療法の事例検討会——5つのケースとディスカッション　167

「妄想的接合の関係フレームづけ」について，より違った儀式に置き換えるのがかっこいい。セラピストが妄想の上を行くと奏功すると聞くが，ここがまさにその瞬間だったと思う。

マミーからの手紙はカウンセラーが書いたのですか？ Dさんの反応はどうでしたか？　また本人へのメッセージは，毎回渡していたものなのでしょうか？

「鳩だよーん」は印象的なシーン。ここで私は社会的強化子が使えそうだし，内在的強化もありそうだなと思いました。

マミーからの手紙はもちろん私が書いています。渡されたDさんは憮然としていました。「清涼飲料水」とマジックで書いたのはお母さんなので，お茶目ですよね。メッセージや課題のタイトルは，そのとき本人が気になっているものに合わせて毎回渡していました。他人に"鳩出し強要"したのは初めてでしたが，本当に出てくるとは思いもよらず，すごくノリが良かったです。本人もまんざらでもなく，初めて正の強化子で何かが動いた感じがしました。

　　　　　＊　　　　＊　　　　＊

最初は強度行動障害とも言えるような状態で，どうやって介入していくんだろうとドキドキしながら拝読しました。「フツー」の行動の定義について，どのようにDさんと設定したのかが気になりました。

面談の前半のズルさと後半のズルさについて，後半のズルさの方が巧妙というかユーモアも含まれていて，ただ拒否をしていた前半と異なると思いました。できることが広がるとズルさも異なってくると思いました。

「突然の2人きりの時間」は，まるで未成年の主張，みたいですね。

「年明けからフツーになる」は本人が言っていたことで，私は定義していないです。でも，何がフツーで何が変か，この頃になるとわかっててやれているのが可愛いですよね。後半は本人のチャームポイントのひとつである「いたずらっ子である」部分が，病気に優って発揮されてきていますね。『E.T.』で言えば指と指がつながった気がしました。振り返ってみても終始言語能力が高いお子さんで，これまでの両親の育て方も良かったんでしょうね。

　　　　＊　　　＊　　　＊

ここまで"普通"に近づいていっているのが本当にすごいなと思いました。私の働いている病院ではクロザリルを服用する場合，最低でも半年くらい入院しています。また，個人的な見解ですが，効果がある患者さんは少ないように思います。副作用も多いですし。1年のカウンセリングで20万円でこれだけ変わるなら，とても素敵すぎるくらいの素晴らしいことだと思いました。

全くその通りで，この症例はクロザリルの適用例です。主治医が提案していたみたいですが，家族はそれには拒否的で，「クロザリルかCBTか」という選択でCBTになりました（そんな無茶な！）。
CBTはクロザリルほどのパワーはなく，せいぜいがアモキサピンぐらいなものです。

*　　　*　　　*

私は，自殺や食べないなど命に関わると思うと自分が緊張してしまうのですが，「楽しもう」と思えるところがすごいと思います。私の方が認知の歪みにとらわれているのかなあと思いました。リスクのあるケースとはどんなマインドで向き合っていらっしゃるのでしょうか？

階段飛び降り行動がバーストなら，唾吐き行動が一時的に増えててもよさそう。別の要因がありそう。

あまりにも参ったなぁとなると，どうしようもなさすぎて笑えてくるというか，失笑するというか，笑えばいいと思うよ，という感じです。飛び降りあたりで起こっていることは，本当にわからないなかで，しかも行動化も激しいので，笑えるぐらい怖かったです。

*　　　*　　　*

この事例は迫力がありとても勉強になります。セラピストはとにかく人間への興味がすさまじいなと思う一方,さっと距離を置いて放っておける,ある意味では冷徹さも持っておられる,「人間愛」にあふれた方だなとあらためて感じました。

ヒューマンラブ！ 閻魔様の前に立った際には「そう言われたことがあるのだ！」と減刑を所望することにします。私はさておき,親の子どもを思う気持ちと,子の親を思う気持ちが事態を改善させたのだと振り返っても感じます。

第4章 認知行動療法の事例検討会──5つのケースとディスカッション　171

▎事例❺ スピーチ恐怖の女子中学生

事例紹介

　Eさんは中学1年生。「人前に立つと極度に緊張してしまうから治したい」と
CBTセンターに来談した。医療機関からの紹介状は「社交不安症パフォーマ
ンス限局型」となっていた。つまり対人関係そのものに機能障害はないけれど,
パフォーマンス場面においてのみ社交不安症状が出るということだろう。若い
社交不安症の方は,誰が担当してもだいたいなんとかなることが多いので,当
センターでは年若いカウンセラーが担当することが多い。ロートルな私が担当
することは珍しいが,たまたま年度の変わり目で私になった。

カウンセリング1回目

◉ 紹介状に記載された生活歴・病歴

　3人同胞の第一子として出席し,周産期に異常はなかった。親の都合で数回
の転校があったが,小学校1年時には定住した。引っ越しのたびに仲良い友達
はできていたが,人の輪に入る際ためらいがあった。発達歴にはさしたる異常
はなし。

　X−1年,中学進学後,それまでまったくなかった「授業で当てられると極
端に緊張する」症状が出現。発表や司会,人前での話も無理になった。人前で
頭が真っ白になるため,授業にも集中できなくなり,成績も低下し,片頭痛も
起こるようになった。あまりのしんどさから月に数度欠席するようになったた
め,自ら母親に頼んで精神科受診した。アンヘドニアなし,広場恐怖なし,パ
ニックなし,スピーチ場面以外での社交不安なし,そのため投薬なし。認知行
動療法の良い適応ということで,そちらを紹介した。

◉ 初回質問票に書かれた内容

　　相談したいこと

　　　→「人の前に立つと極度にきんちょうしてしまうから治したい」

　　困りごとがなくなったらどうなりたいか?

　　　→「人の前に立ってどうどうとできたら,もっとたくさん授業のな
　　　　かで発表したりしたい」

困りごとを解決するために試したことは？

→「きんちょうをおさえるために深呼吸する」

困っているとき助けてくれるのは？

→「母」

休みの日は何をしているか？

→「吹奏楽の部活，友だちと遊ぶ，家にいる」

好きなこと，楽しいことは？

→「好きなアーティストの音楽を聞く，ゲームをする」

◉ 初回心理検査結果

【抑うつ】CDI ＝ 16（カットオフ以下：抑うつ症状なし）

【不安】SCAS ＝ 40，分離不安 ＝ 3，社交不安 ＝ 10，OCD ＝ 6，パニック＆AP ＝ 6，恐怖症 ＝ 1，全般性不安 ＝ 14（社交不安と全般不安が高い）

【QOL】PedsQL ＝ 65.2％，身体サマリー ＝ 71.9％，心理社会サマリー ＝ 61.7％，体の調子 ＝ 71.9％，気持ち ＝ 45％，人のこと ＝ 80％，学校でのこと ＝ 60％（全体的に低いが，特に気持ちが低い）

◉ 初回面接

本人は学校の体操服で面接に来た。中学1年生にしては珍しく，母子同席面接ではなかった。しかし，本人はハキハキしっかりとしゃべった。曰く「小学校時代は人前が恐いなんてことは全くなかった。でも，中学校で5月，国語の授業で，席で立って，順番に読んでいくとき，めっちゃ心臓がドキドキして，一応なんとか読んだが，後から友達に『なんか泣いてるみたいな感じで変やったで』と言われたのが最初」ということだった。

授業の一環で，学期ごとに50秒程度のスピーチを全員がしなければいけない。特に国語の授業で本読みの時間になると，足の感覚がなくなり，手足や声が震える。

学校にもスクールカウンセラーがいたり，担任の先生も一応わかってくれているらしい。ケースワークの可能性を求めて「うちでは生徒さんのことで学校と連絡したりするんだけど，構わないかな？」と許可を尋ねると，「それは嫌」とはっきり拒絶されたので，学校とは連携しなかった。

第4章　認知行動療法の事例検討会——5つのケースとディスカッション　　173

　初回は社交不安症とスピーチ恐怖についてごく簡単に説明して，「治療法が確立している病気だから，言う通りにやっていけば普通に治っていくよ」とお伝えした。SCASのフィードバックでは「全般不安の値も高かったが，社交不安が治ればついでに良くなるかもしれないので，今はおいておこう」と伝えた。
　不安観察表に，「不安を感じた場面，不安の程度，そのときどうしたかを書いてくること」を書いてくることを課題とした（表4-4）。

状況	不安／恐怖 0〜100	身体の様子，対処／回避
国語の授業で当てられそうだったとき	80	心臓ドキドキ，足が痛くなる，体が熱くなる，手の震え
頭痛，学校行くのがとても嫌だった	70	回避行動，学校休んでしまった
朝の会のチャイム（特に当てられるといったことはない） （上のようなことが5回ぐらいあった）	75	心臓ドキドキ，喉が押される感じ，手の震え（少し）
英語で当てられた （当てられそうなときはいつも上のような感じ）	60	国語のときと同じ症状（症状も軽い）
吹奏楽部で合奏する	80	手が震えていつも通りにできない，誰かに見られてる感じ，心臓ドキドキ
吹奏楽部のみんなの前でアンサンブル発表をする	95	手がとても震える，心臓ドキドキ，身体の震えも止まらない

表4-4　不安観察表①

カウンセリング2回目

　不安観察表はよく書けており，中学生にしてはとてもうまく観察している。Eさんは自分のことを観察して紙に書く，認知行動療法に必要なセルフモニタリング能力を，最初から備えていることがわかった。「最初からこれだけちゃんと自分を観察できるなんて，なかなかすごいことだねー」と褒めると，「えへへ」と照れくさそうにしていた。
　観察されたデータによると，不安や恐怖の平均点は76.7と，かなり高い不安を抱えていた。社交不安はたしかにパフォーマンス限局型と言えるもので，ステージに立つなどの状況にない限り，友達とはうまくやっているようだった。一方で，症状は般化もしていた。すなわち，ステージ場面以外でも，チャイム

が鳴ったときや，教室や，授業や，部活や，家の玄関などの刺激でも症状が現れるようになっていた。人によってはパフォーマンス限局型がやがて限局のない社交不安へと汎化していくこともあるのだろうが，Eさんの場合はあくまでパフォーマンス限局型のまま，そのトリガーがパフォーマンスを予期させる場面や刺激へと汎化していた。

　こういう，誰とでもうまくやれているけれど，純粋にスピーチ恐怖だけみたいな人は一定数いる。その昔60代ぐらいの男性を担当したとき，もはや社交不安に属するというより，特定恐怖に属するのではないかと思うほど，人付き合いのうまい人だった。同業者の組合でも信望が厚く，どんどん出世していくが，出世すればするほどスピーチ場面が多くなってきて，いつも死にそうになっていた。

　「そんなスピーチ恐怖の先輩がどうやって治っていったか知りたい？」と尋ねると，Eさんはうなずいた。

　男性の治療はシンプルだった。ある日のスピーチで開口一番，透明のペットボトルを高く掲げて，「私は実は，スピーチが恐いのです。このペットボトルを御覧ください。手がブルブル震えて，水が揺れております」とカミングアウトしてから，話してもらった。効果は劇的だった。これまでの不安・緊張が全く嘘のように，淀みなくスラスラと言いたいことをしゃべり終えた。拍子抜けして演台に突っ立っている本人に2人が声をかけた。1人は「気持ちはよくわかる，自分も同じで，人前に立ってしゃべることの緊張がとてもつらい」と言った。もう1人は「こんなに滑らかにしゃべれて，本当にスピーチが怖いの？」と疑った。それ以来，スピーチ恐怖はなくなった。

　　Th「さて，この話のどこらへんに，スピーチ恐怖を治すポイントがあったと思う？」
　　E「わざと自分からスピーチ恐怖だって言ったとこ？」
　　Th「そうなんだよ。スピーチが怖い人たちは，力を入れたり，机を強く握ったり，いろいろな方法を使って，『スピーチは怖くありません』ってフリをするのにヘトヘトになってしまうんだよ。でも頭のなかは「バレてないかな，バレてないかな？」でいっぱいで，話の内容もわからなくなるぐらい。それがどうなったと思う？」

E「最初に自分からバラしてるから……」

Th「そう。だから，もう隠すも何もなくなって，スピーチを邪魔しな
　　かったんだよ」

E「たしかに，私も『バレたらどうしよう』ってばっかり考えてます。
　　終わった後も友達にどう思われたか気になって。前に友達から『変
　　になってたで』って言われてしまって」

Th「なるほど，そんな風になるんだね。じゃあ，スタンダードな治療
　　『ビデオフィードバック』をやってみよう。これは，自分のスピー
　　チを撮影して観察することで，うまくいくように修正していく方
　　法だよ。何か読むものを持ってる？」

E「教科書を持ってます。本当に読むんですか？」

Th「そうだねえ。じゃあスマホで撮影するから，読んでみてくれる？
　　ちなみに今は不安？」

E「今はそこまで不安じゃないです」

Th「じゃあ，このビデオを撮る前の予想にチェックしてみてくれる？」

E「わかりました」

（Eさんは「ビデオを撮る前の予想」をチェックする）（表4-5）

Th「なるほど，『うまくしゃべれそうにもない』と思ってるんだね。オッ
　　ケー，じゃあやってみよう。（録画ボタンを押して）じゃあ，撮るね。
　　それでは読んでください」

E「春はあけぼのようようしろくなりゆく山ぎは少し明かりて紫立ち
　　たる雲の細くたなびきたる。夏は夜月の頃は更なり……」

Th「おっけー，それぐらいでいいよ。じゃあ，今度は読み終わった後
　　のことを評価してみてくれる？」

E「全然うまく読めなかったです」

Th「じゃあ，『ビデオを撮って，観る前の予想』を書いてください
　　……なるほど，読んだあとは，こんな感じに思えるんだね。いつ
　　も読んだあとはこんな風に暗い感じに思うの？」

E「だいたいそうです」

Th「じゃあ次は，実際に音読しているところを一緒に観てみよう（スマ
　　ホの動画再生ボタンを押す）」

動画のE「春はあけぼのようようしろくなりゆく山ぎは……」

    Th「じゃあ，最後に，この動画の音読を聞いてみて，どうだったか評
         価してください」

  （Eさんは「ビデオを観た後の実際」（表4-5）を書く）

ビデオを撮る前の予想

上手くしゃべれた		上手くしゃべれなかった
大きい声ではっきり聞こえた		ぼそぼそ何を言ってるか判らない
スムーズにしゃべれた		どもっていた
明るい表情だった		暗い表情だった

ビデオを撮って、見る前の予想

上手くしゃべれた		上手くしゃべれなかった
大きい声ではっきり聞こえた		ぼそぼそ何を言ってるか判らない
スムーズにしゃべれた		どもっていた
明るい表情だった		暗い表情だった

ビデオを見た後の実際

上手くしゃべれた		上手くしゃべれなかった
大きい声ではっきり聞こえた		ぼそぼそ何を言ってるか判らない
スムーズにしゃべれた		どもっていた
明るい表情だった		暗い表情だった

表4-5　ビデオフィードバック評価①

    Th「観る前と観た後でけっこう評価が違うんだけど，どうしてかな？」
     E「観てみると，クラスメートと同じぐらいに案外普通に聞こえた」
    Th「そうだねえ。特にビデオを見る前と後のギャップが大きいのがポ
        イントなんだ。それほどひどくないのに，スピーチ後『またやっ

てしまった！』と落ち込んで，何回やっても，うまく読めてさえ
　　　自信がつかないんだ。普通，ビデオで見直したりしないからね」
　E「観てみたら本当に想像と全然違いました。読みながら何度も『引っ
　　　かかった！』って思ったはずなのに，観たら全然そんなことないし」
Th「ビデオフィードバックを繰り返すと，そういうギャップも治って
　　　くるよ」
　E「がんばります」
Th「あと，いくつか気になったことを言ってもいいかな。ひとつは，
　　　だんだん速くなることかな。単語の間で休むのも，だんだん短く
　　　なっていく」（休符＝ 𝄽 𝄾 𝄿 を紙に書き出す）
　　「句読点の休符が8分→16分→32分みたいに，読むのも速く，休
　　　むのも短くなって，大変そうだった。だから，読む読む読むウン，
　　　読む読む読むウンって，必ず4分休符を取ってみたらどうかな？」
　E「吹奏楽でもそうなんです。だんだん指が回らなくなるんです」
Th「そうだろうねえ。"焦る"と"accel.（アチェル）"って似てるか
　　　らねえ。じゃあ今度は句読点のところで，今までの倍ぐらい間を
　　　取る感じで読んでみて」
　E「（間を空けつつ読む）春は　あけぼの　ようようしろく　なりゆ
　　　く山ぎは……」
Th「はい，ありがとう。どうだった？」
　E「なんか，めっちゃ読みやすかった」
Th「じゃあ今度は逆に，私の手拍子に合わせて，だんだん速く読んで」
　E「春はあけぼの，ようようしろくなりゆく」
Th「（手拍子を加速）もっと速く！」
　E「山ぎは少しあか明かりて紫だち，紫だちたる」
Th「（手拍子を加速）もっともっと速く！」
　E「雲の細くたの，たなびきたる。夏は夜月の頃はさ，更なり」
Th「（手拍子を加速）全速力で！」
　E「や，や，やみもなほ，なお，蛍も多く飛ぶ，飛びち，飛びちがいたる」
Th「はい，ありがとう。どうだった？」
　E「（笑いながら）無理〜」

Th「そうなんよ。でも最初のは今みたいに誰かに『どんどんアップテンポ！』って命令されながら読んでるみたいに聞こえたよ。それだと無理なんよ」

E「そうかもしれない」

Th「じゃあ，遅く読んだ方を観てみて……どうかな？」

E「思ってたより自然な感じ。落ち着いて読んでる」

Th「そうなんだよね。いつものテンポじゃないから，違和感あるかもしれんけど，これぐらいの方が，抑揚をつけたりできると思うよ。じゃあ，同じ課題で，家でスマホで録画してみてね。1回目，2回目，3回目で色を変えて，観察も続けてね」

カウンセリング3回目

3回目は「ビデオフィードバック評価」（表4-6）と「不安観察表」（表4-7）を用意してもらってから実施した。

E「国語でスピーチで手応えを感じました。家で3回ビデオフィードバックをしました」

Th「3回のチャレンジをみると，読む前→読んだ後→観た後で低くなり，1回目→2回目→3回目で低くなっているのが，よくわかるね。うまくいったコツは？」

E「声を大きめ，やや上げめで，ゆっくりにしてみた。緊張してたけれど，できた」

Th「段々コントロールできてきたね。観察表でも不安平均66点で，前より10点も下がってるね」

E「（うれしそうに）前は月数回休んでたけれど，休まなくなった。頭痛も休むほどではなくなってきた」

Th「ますますいいね。すばらしい。じゃあ，今日もビデオフィードバックしようか？」

E「はい，お願いします」

（カウンセリングルームの本棚にあった本でビデオフィードバックする）

Th「ビデオ観てみてどうやった？」

第4章 認知行動療法の事例検討会──5つのケースとディスカッション　179

表 4-6　ビデオフィードバック評価②

状況	不安・恐怖 0～100	身体の様子，対処／回避
英語が数回：当てられそう，当てられた時，前回と同じ。	50	心臓ドキドキ，息がしづらい，手のふるえ，声のふるえ（若干）
国語：毎回，特に当てられるわけではない。	60	上と似ている
国語　原こうスピーチ	85	上と同じ，足がいたくなる
教壇の前に立って一言いう（日直）	75	心臓ドキドキ，息がしづらい，手や声のふるえ（若干）
何も言わないが，朝の会のお知らせで教壇の前に立つ	60	心臓ドキドキ

表 4-7　不安観察表②

E「前より聞き取りやすく，感情が入ってた。若干ゆっくりだけど，落ち着いてる感じ。読み始める前より読んでいる最中の方が緊張しなかった」

Th「なるほど，いいね。私からも気づいたことを言ってもいいかな？間違えたり，噛んだりすると，『取り戻さな！』と焦ってる気がする」

E「それはあるかも」

Th「間違えたときこそ，ゆっくり4分休符を入れて戻せるとバッチリなんじゃないかな？」

E「わかりました」

Th「1回，わざと噛んで，ワンテンポ置いて再開する練習しよう」

E「わざとですか（笑）」

Th「そりゃ，そうだよ。読みながら舌をガブッと噛んで，4分休符を入れて復帰するんだ」

E「わかりました」

（Eさんは読みはじめて，わざと噛んで，間を空けて復帰する。それを撮影したものを見せる）

Th「観てみてどう？」

E「ミスしても落ち着いて対応しているなって感じ」

Th「失敗を受け入れてる感じがして，逆に大人って感じせん？」

E「そう！　する！」

Th「全く失敗しないのって人間じゃないから，まあ『失敗してもなんてことないよー』って乗り越えられるようになるといいね。もう段々そうなってきてるんだろうけどね」

E「はい！」

Th「じゃあ，また，同じ課題出しておくから，家でも頑張ってね」

E「ありがとうございました」

カウンセリング4回目

　4回目も同様に，「ビデオフィードバック評価」（表4-8）と「不安観察表」（表4-9）を用意してもらってから実施した。

第4章　認知行動療法の事例検討会──5つのケースとディスカッション　　181

表4-8　ビデオフィードバック評価③

状況	不安・恐怖 0〜100	身体の様子，対処／回避
合奏で一人で吹かされた	80	手のふるえ，心臓ドキドキ，息つぎがしにくい
（翌日）同じ	80	同じ
（翌日）同じ	75	同じ
（翌日）同じ	70	同じ
英語であてられそう	40	少し心臓ドキドキ，ふるえる
国語が始まる前	70	心臓ドキドキ，落ち着かない

同じ	〃	同じ
同じ	〃	同じ
同じ	〃	同じ
国語で読むかも？	75	心臓ドキドキ，のどを押されるみたい，足が痛くなる，落ち着かない
日直で前に立って言わなければいけない	75	心臓ドキドキ足が痛くなる
スプリングコンサート	85	手のふるえ（若干），ふわふわした感じ，心臓ドキドキ，落ち着かない でも，結果は成功!!
（いつも）朝の会のチャイム	25	心臓ドキドキ，のどを押されるみたい（少しだけ）

表 4-9　不安観察表③

E「スプリングコンサートは成功して，友達にも褒められた。練習は5割の出来だったけど，本番では8割の実力が出せたし，観客も暗くて気にならなかった」

Th「ほうほう，良かったね。授業はどうだった？」

E「英語は当てられたけど，大丈夫だった。国語は当てられなかった」

Th「もし当てられたら？」

E「もし当てられても，前より自信がある」

Th「部活での成功と，授業での成功の相互作用で良くなってるんだね。ちなみに今は何か困ってる？」

E「今は春休み前で，授業もなくて，部活も一段落している。あ，そういえば，前回の国語のスピーチの際，友達に『めっちゃ聴きやすかった』と授業の後でわざわざ褒めてもらえた」

Th「なるほどなー，もうすごい良くなってるのがわかるけど，あえてもうちょっと上を目指そうと思ったとしたら，どんなところがあると思う？」

E「それは，『手を上げて発表する』かな。小学校ではいっぱい挙手して活発やったのに，今はできてない」

Th「なるほどなー。次はその辺に行くんやなー。身体の具合はどんな感じ？」

E「朝，頭痛はたまにあるけど大丈夫。学校に行きたくはないけど，行けてる」

Th「そこはなんで良くなったんやろ？」

E「前より学校が楽しくなってるから」

Th「なるほどなあ。授業でも，読んだらうまくいって，自信ついたんかもな。授業で，当てられたらどうしよう，どうしよう……って思いながら，結局『読まずに済んだから，なんとか大丈夫だった』ってなると，頭のなかでは逆に『もし読まされたらきっと大失敗してた』ってなるんよな。（表に書きながら）だから，『読んだら，大丈夫だった』って経験だけが，治療になるんよな」

- **当てられるかも・読むかも**
  →読まなかった→安心
- **読まなかったから大丈夫だった**
  ≒読んだら大変なことになっていた
- **治療となったこと**
  →読んだ→うまくいった→自信がついたという流れ

カウンセリング5回目

E「2年生になって，めっちゃ手を挙げられるようになった。当てられて発表もできるようになったし」

Th「全部の教科で？」

E「全部の教科でそうなってます」

Th「頭痛は？」

E「全然なくなりました」

Th「学校行きたくないのは？」

E「前みたいなのはない。今日だるいなー，みたいなのはある。でも，前より学校は楽」

Th「ひょっとしたらこうなるかも，とかの予期不安は？」

E「英語はもう全く心配ない。国語は少し怖いけど，前ほどでは全然ない。クラリネットも最近調子良い。あまり気にならなくなってきた」

Th「何もかも良いね。強いてあげると不安ってあるの？」

E「長い暗唱が学期に１回あって，あと50秒スピーチが夏休み，冬休みのあとにある」

Th「自信のほどは？　100％を自信と不安に割り振ると何％ずつ？」

E「うーん，自信が20％，不安が80％」

Th「なるほど，いいね。それがいつしか，30：70とか，40：60とかになっていくよ」

E「あと，長文読むのが苦手」

Th「じゃあ，ちょっと長文読んでみよう」

（適当な本を読んでもらう。スラスラと，淀みなく，落ち着いて，しっかりと読んでいる。何ら危なげなく読みつづけるので，聞き惚れている）

Th「ありがとう。あまりに問題ないから，ぼーっと聞きつづけてしまったよ。今測ってたら23分も読んでもらってたみたい。どうしてそんなに長く読めたの？　苦手なんじゃなかったの？」

E「読んでるうちに『読んでる自分』に慣れてくる感じ」

Th「なるほど，たしかに序盤より中盤，中盤より終盤の方が安定して読めてる感じがしたわ。てことはむしろ，長文の方が得意なパターンちゃうん？」

E「そうなのかもしれない」

Th「しかし，そろそろ時間というか，私があなたにできることは全部終わったわ。待合室のお母さんを呼んできてくれる？」

E「はい」

（Eの母親が入ってくる）

Th「私としては，治療は終了しました。お母さんとしては，何かありますか？」

母「今は問題なく過ごせてます。体調不良も良くなりました。発表もできてるようで驚いています」

Th「じゃあ，本日にて終了で。おつかれ様でした」

◉終了時アセスメント

【抑うつ】CDI＝11（カットオフ以下）

【不安】SCAS ＝ 37，分離不安 ＝ 5，社交不安 ＝ 7，OCD ＝ 6，パニック＆AP ＝ 6，恐怖症 ＝ 5，全般性不安 ＝ 8

【QOL】PedsQL ＝ 69.6％，身体サマリー ＝ 68.8％，心理社会サマリー ＝ 70％，体の調子 ＝ 68.8％，気持ち ＝ 65％，人のこと ＝ 75％，学校でのこと ＝ 70％

◉後日届いたカウンセリングの感想（抜粋）

● Eさんの手紙

中学校に入学し，環境も変わり，人前で話すこと，国語の朗読がうまくできなくなり「スピーチ恐怖症」になりました。

毎回の授業がいやで，過度のきんちょうから体調不良やストレスで学校も休んでしまったことがありました。

そんなときに，カウンセリングにきてゆっくり話を聞いてもらい，長い文章を読むコツも教えていただきました。

繰り返し朗読を練習し，先生の前で読んだりしました。

はじめはこんなことで治るのかな……という心配もありましたが，びっくりするほど良くなりました。まだきんちょうはありますが，学校でたまにあるスピーチもうまくできるようになり，学校も今までより楽しくなり，体調も良くなり，うれしいことばかりです。

自分に自信がつきました。

カウンセリングしていただいた先生に心から感謝しています。

● Eさんの母親の手紙

一時は人が変わったように元気がなくなった娘とたどりついたのが先生のところでした。

カウンセリングを受けた初日の帰途へつく車のなかで，すでに娘の様子はおだやかで，カウンセリングの様子を楽しそうに話してくれました。

その後，数回通いましたが，みるみる元気になり，カウンセリングはもちろんのこと，先生のお話を楽しそうにしてくれ，帰りの車中はいつも先生の話で大笑いしながら帰っていました。

娘に笑顔を取り戻していただいて本当にありがとうございました。

事例のまとめ

　スピーチ恐怖に対するビデオフィードバックは，ゴールドスタンダードだ。たいてい本人のスピーチイメージはとてもひどいものであり，実際のスピーチ映像はそのイメージに必ず勝る。それは赤面恐怖の人に「どれぐらい赤いですか？」と尋ねると，彼らが「真紅になってます」と言うのに似ている。顔色は絶対真紅にはならない。その人のイメージと現実のどこがズレていて，どこのネジがおかしいか説明して，実験して，調整すれば，治療終了である。

　大事なことは，頭痛は身体症状症だとか，学校行けないのは抑うつだとか，ましてや発達障害の傾向があるとか愛着の問題だとか，そういった余計な見立てをしないことである。そういう意味では，今回のようなピシャリと合っている診断と無駄な投薬がない医療機関からの紹介は見事である。

　もうひとつ大事なことは，認知行動療法はこのように，ちょっとだけしか問題のない，病態水準の軽い，シンプルな恐怖症に対して無類の強さを発揮する療法だということだ。何もかもうまくいかない，弓折れ矢尽きたから，いちかばちかで認知行動療法を試してはいけない。軽い困りごとを軽く治す。それが認知行動療法の真骨頂だ。

　カウンセリングのなかでは，とても真面目で一生懸命に取り組むEさんに対して，オヤジギャグなどを飛ばしていた記憶がうっすらある（あまりに馬鹿馬鹿しいので記録には残ってない）が，たしかカウンセリングにおいて1ミリもウケていなかったという記憶がある。むしろ寒いか引いてるぐらいのイメージだった。しかし，なんとしたことか！　実はそれは帰りの車内で時間差でウケていたのだと愕然とした。

　たしかに録画や逐語を見ると，一体何のためにそんなしょうもない話をしているのかと愕然とする瞬間がたびたびある。それは箸休めみたいなものなのか，テンポを取っているのか，茶々を入れているのか，アネクドートなのか，自分で聞き返しても機能に戸惑う。

　ただ，この感想で，初めて「時間差でウケている」という可能性について示唆されたので，そのような希望を胸に，これからもくだらない話をしていきたい。

Q&A

4回目のカウンセリングでEさんが良くなったと報告した際に,「あえてもうちょっと上を目指そうと思ったとしたら？」と聞いた意図についてお聞きしたいです。

5回目で挙手もできるようになっていましたが,4回目で挙手に関する課題を出したのでしょうか？

スピーチ場面での不安はかなり改善されており,終結となってもおかしくないと思ったのですが,「あえて」を聞いた理由を教えてください。

そもそも最初から音読が結構うまかったので,Eさんが現状の自分にちょうど合うぐらいの妥当な目標設定できる人なのかをアセスメントしました。つまり,読み能力ではなく,目標設定能力の話です。それと同時に,イメトレではないですが,よりよく思い描けた未来に認知を再構成しています。ブリーフセラピーの「水晶玉クエスチョン」と言えなくもないけど。終わりかけのときはフェードアウトの都合上,あまり積極的にお構いしませんので,課題としては出していません。

*　　　*　　　*

噛むとその後読むスピードが速くなるなど,観察眼が素晴らしいと思いました。

あえてアップテンポにする，というのはコントロールをつけることを狙っていたのですか？

焦りの情動制御が肝だったみたいです。アップテンポにするのはハビットリバーサルという技法です。あと早くしたり遅くしたりすることで，読んだり休んだりのテンポに関する弁別訓練をしています。

* * *

「軽い困りごとを軽く治す」は，スクールカウンセラーの仕事の本当に大事なところだと常日頃から思って取り組んでます。学校ではいかに軽いうちに回してもらうかが勝負なのですが，スクールカウンセラーの勤務がずれるとあっという間に登校できなくなっていたりで，後手に回ることも少なくないです。

頭痛とか不登校とか扱わず，簡単明瞭でわかりやすい説明でパシッと決める，自分もかくありたいと思いました。

目の前の困りごとに対して適量の対応（過剰な服薬や見立てではなく）といったことが大切だと思いました。そのためには，しっかりとした見立てをするための知識と技術をセラピスト側が持っていることが前提のため，その部分を意識することが重要だと感じました。

本当にそうですね。それでもなお，アウトリーチであるからこそ医療機関などよりも迅速に対応できることを思

えば，スクールカウンセラーが解決しうる子どもの問題はものすごく多いと思います。時としてセラピストの邪な妄想などがますますクライアントをややこしいものにすることってありますからね。お猪口ならお猪口にそそぐよう，湯呑なら湯呑にそそぐように，ちょうどぐらいのチャレンジができるとスムーズに進みますね。

   ＊   ＊   ＊

本人の認知と実際の状況のギャップをさまざまな技法やツールを通して客観的に見ることで，メタ認知を高めるといったことは，スピーチ不安にかかわらず臨床において重要なポイントだと思いました。

「読まなかったから大丈夫だった」の裏返しが，「読んだら失敗だった」は，説明されるとその通りなのですが，自分が臨床をやっているときにスッと頭に浮かんでくるくらいになりたいなと思いました。

認知行動療法の目指すところは，自分のことを知って，周りのことも知って，マシな選択ができるようになることだったと思います。「反対の反対は賛成なのだ！」というのは刺激等価性と呼ばれるやつですね。りんごは赤い，赤いはりんご，みたいなものです。

   ＊   ＊   ＊

カウンセリングのなかで親父ギャグを飛ばしてクライアントを笑わせる機能についての思いをもっとお聞きしたいです。

こういう真面目なクライアントさんだとオヤジギャグを繰り出したくなる方ですか？　箸休め的に……

心理治療と笑い，ユーモアに関する論文は徐々に増えています。先生の「くだらない話」は実は大切な機能を持っているはず。小学校においても教師のユーモアが高いほど子どもの学校満足度は高くなります。また，時間差で受けるというのは，とても大切な家族機能を促進していると考えます。

会話のテンポというか，相手側に手綱を渡しすぎないように，茶々を入れて調整しているんだと思います。まさしく箸休めです。箸休めの合間に時々セラピーをしています。帰りの車内で今日のカウンセリングについて親子で話す時間は素敵だと思うので，仲良し親子ですね。目の前で笑ってもらえないと，私のギャグが消去の憂き目に遭いますが，間欠強化を受けたのでしばらくは抵抗します。

　　　　　＊　　　　＊　　　　＊

長文朗読を23分聞きつづけたのは意図的だったのでしょうか？　それとも本当に聞き惚れたのでしょうか？　その狙いをお聞きしたいです。

読んでいるうちに現在進行形でますます読むのがうまくなっていったので，本当に聞き惚れていました。朗読がそれだけでそのまま治療となっている，私が聞き手であれば良い，素晴らしい時間でした。マインドフルネス風に言えば，私がdoingモードから離れてbeingモードになれたということです。

事例編のまとめ

　第4章は事例検討会というスタイルで執筆した。私の臨床人生の重要な部分は，まさしくこのような事例報告によって形作られてきた。特に思春期専門で認知行動療法をやっているわけではないが，振り返ってみれば報告は結構な数になっていた。勉強会や学会シンポジウムなど，建前の違う場で発表したために，発表形式がバラバラになっているのはご容赦願いたい。

　事例検討はありきたりなものだと思うが，紙面で実際やってみたのは初めての試みだ。参加者の皆さんの新鮮な疑問に触れることができて，この章は一層生き生きとしたと思う。本来なら書物を世に出して，その後で読者からの反応をいただくところであるが，前もって意見をうかがえたことは望外の喜びであった。参加者のなかには心理士も医師も看護師も作業療法士もおり，オリエンテーションが認知行動療法の人もそうでない人もおり，キャリアを積んだ人もいれば駆け出しの人も，昔からの知り合いもいれば，しゃべったこともない人もいた。しかし，それらは幅広い読者層を想定している本書にとって，ちょうどいい質問が集まる仕掛けとなった。

　事例報告は結構な数になっていて，選ぶのに苦労したため，参加者に「推し事例」を教えてもらって掲載の参考にした。

　事例検討会に参加してくださった，下記の方には深く御礼申し上げます。

　　青木亜里，井口恵理，岡嶋美代，奥代健介，梶原慶，川野直久，
　　木津賢太，木村拓磨，近田裕之，近藤和樹，篠宮麻子，宗靖彦，
　　髙橋翔太，土屋垣内晶，中園真衣，新谷宏伸，橋本彩絵，堀江明宏，
　　堀江礼恵，宮秋多香子，本園羊司　　　　　　　　　　（敬称略）

　宗教には厳密な教えがあって，「○○すると極楽に行ける」「××すると地獄に落ちる」などと，現実の行動と架空の結果を結びつけることで，人に一定の幅の行動を取らせることを強いる。そのような場合にこそ，方法論は厳密化する。例えばイスラム教では，強い教義の下に厳密に守るべき儀式があり，人々はその教えに従って礼拝から食べ物まで気を使って生活している。

　「本屋に行くと心理学の本は宗教の本の隣にあることが多い」と何かで読ん

だことがあるが，たしかに共通点が多い。心理療法も宗教と同じく架空の結果でヒトの行動を釣ろうとするところがある。信じられないほど数多くの心の概念があり，毎年どんどん新語創作されていき，時代とともに流行り廃りがあり，研究者ごとに使い方が違っている。それらの概念が良いとか悪いとか，増えたとか減ったとか，そのためには何をすべきとかすべきでないとか，世代を超えて果てることのない議論の空杯を交わしつづけている。

　私は事例のなかで，そのような心の概念をあまり多くは使ってない。そのことに違和感を覚えた人もいるだろうし，実際質問にもたくさんいただいた。私は臨床を行う上で，心の概念はそんなにいらないと思っている。なぜなら私にとって良くなってほしいのはあくまでクライアントの生活であって，概念ではないからだ。生活を良くするための方策として，あいだに概念をさしはさむ必要はないことが多いし，たとえ何かの説明や簡略化のためにそれらの概念を使うことがあっても，概念の実在を信じたりはしない。私のなかで外在化で使う「モアイ」と，心の概念「自己肯定感」のポジションは，同程度のものである。

　認知行動療法は，雑多で具体的な方法論の集合体であり，その背景理論仮説も数多く存在し，ひとつの体系立った療法ではない。しかし一部の人々はそれを匂わそうとしている。残念なことに，奇妙なその教えを丸暗記したり，儀式をなぞったりしても，介入成績は向上しない。それは結局のところセラピーの教義にクライアントを合わせる行為に過ぎない。

　反対に，クライアントに合わせて，どこまでも柔軟にセラピーの方を変質させていくことができれば，介入成績は向上していくことだろう。とりわけ面接を楽しむことができれば，子どもの臨床は "No fun, No CBT" の精神でうまくいくことは間違いないと思う。

あとがき

　第1章では認知行動療法について，第2章と第3章では，子どもをめぐる場であるところの学校や，学校で臨床をするということについて，なるべくデータに基づく形で私なりの論を展開してみた。また，同じく第3章では，不登校に対する認知行動療法の効果と限界の一例を示してみた。第4章では，子どもに対する認知行動療法の臨床の実際と，それらに対するコメント・リコメントに基づく事例検討を行った。

　「はじめに」でも述べたが，各章におけるロジックのレベルはバラバラである。心と理屈が押し合いへし合い，どうにか共存しているのが心理職というものだが，そのバランスを取る位置はそれぞれで異なっていると思う。ともかくも私は本書のようなバランスをもって，子どもや学校の困りごとが解決に向かうようにと，マインドセットを構築してきた。

　認知行動療法を単なる臨床上の手続きに貶めることは得策ではない。「これをこうすれば認知行動療法になる」というようなやり方はあるようでない。本書を通じて認知行動療法はもっと自由なものなのだとわかってほしい。

　しかし一方で「これをこうすれば認知行動療法になる」という条件は，ないようでいて，実際にはある。それは本書で示したさまざまな事例とその検討を通して，私が取り組んできたことの共通項である。読者の皆さんには何が共通項なのか，あれこれ想像を膨らませてもらいたい。

　単著というものは個人的なお話であるから，気に入ったら買って読み，なんなら自分の臨床に加えられるところを加えればいい。気に入らなければ読まなければよい。そんな気持ちで，思っていることを自由に書かせてもらった。

　私は特に子どもが専門分野ということもないのだが，あちこちで頼まれて発表したり，原稿を書いたりしているうちに，子どもに対する認知行動療法に関する分量が多くなった。全部書き出してみると案外量が多く，結局事例は半分しか載せられなかった。この本がいくらか売れて，どこかの出版社がOKを出してくれれば，また続きを書きたいと思う。

　そもそも私は子どもよりは大人の臨床の方が臨床数が多いわけだから，大人

の臨床についてもいずれは書きたいものだ。しかし，あまりの筆の遅さに，いつになることやらわからない。だから励ましやファンレターなどをもらえると，良い気になってまた書きはじめるかもしれない。

＊

　これは初の単著となる予定でしたが，力量不足から大勢の対人援助職の仲間から協力を得て，ようやく完成することができました。まずはそのことに感謝します。また，粘り強く付き合ってくれた金剛出版の藤井さんにも感謝します。あと，これは書けと言われたので書くのですが，支えてくれているパートナーにもいつも感謝しています。

　最後に，児童の精神科医療に関していつも重要な示唆をくれていた故・稲垣貴彦氏に供養の気持ちを込めてこの本を捧げます。

2025年2月20日
西川公平

◉ 著者略歴

西川公平（にしかわ・こうへい）

1976年滋賀県生まれ。滋賀医科大学医学系研究科高次調節系修了。公認心理師。医学博士。認知行動療法スーパーバイザー。開業カウンセリングルーム「CBTセンター滋賀／京都」のCEO。

認知行動療法でご飯が食べられるか20年ほど実験中。YouTube認知行動療法ちゃんねるの中の人。座右の銘は「渾沌七竅に死す」。

地域から舞い込む心の困りごとを，認知行動療法を中心に家族療法やブリーフセラピーを駆使して対応している。認知行動療法の研修会，勉強会も盛んに行っている。若い頃，47都道府県をバイクとヒッチハイクで旅したことがあるため，今度は全都道府県で研修・講演しながら，おいしいものを食べ歩きたいという野望を持っている。

事例にまなぶ認知行動療法
子ども×学校の困りごとが解決に向かうマインドセット

2025年3月31日　印刷
2025年4月10日　発行

著　者　西川公平

発行者　立石正信
発行所　株式会社 金剛出版
　　　　〒112-0005 東京都文京区水道1-5-16　電話 03-3815-6661　振替 00120-6-34848

装丁◉戸塚泰雄(nu)　　装画◉岡田喜之　本文組版◉伊藤渉　　印刷・製本◉太平印刷社
ISBN978-4-7724-2096-9 C3011　　©2025 Printed in Japan

JCOPY 〈㈳出版者著作権管理機構 委託出版物〉
本書の無断複製は著作権法上での例外を除き禁じられています。複製される場合は、そのつど事前に、
㈳出版者著作権管理機構（電話03-5244-5088、FAX 03-5244-5089、e-mail: info@jcopy.or.jp）の許諾を得てください。

認知行動療法 共通基盤マニュアル

[編]=各精神障害に共通する認知行動療法のアセスメント, 基盤スキル,
多職種連携のマニュアル開発」研究班

●B5判 ●並製 ●196頁 ●定価 **3,300**円
● ISBN978-4-7724-2086-0 C3011

治療同盟や治療構造の確立をはじめとする
認知行動療法の基本スキルに加えて,
多くの疾患に共通して用いられる技法を,
疾患特異的技法以前の「基盤スキル」として解説する。

はじめてまなぶ行動療法

[著]=三田村仰

●A5判 ●並製 ●336頁 ●定価 **3,520**円
● ISBN978-4-7724-1572-9 C3011

序盤からやさしく読み進められる文体で,
基礎知識だけでなく行動療法臨床のエピソードも織り交ぜて解説。
はじめて読んでもよくわかる,
行動療法の歴史・原理・応用・哲学を学べる定番テキスト。

不登校・ひきこもりのための行動活性化

子どもと若者の"心のエネルギー"がみるみる溜まる認知行動療法

[著]=神村栄一

●A5判 ●並製 ●204頁 ●定価 **3,080**円
● ISBN978-4-7724-1692-4 C3011

子どもと若者の「心のエネルギー」をためる鍵は「行動活性化」!
日々学校で子どもをサポートするために,
現場ですぐに実践できる具体的な方法を提示する。
教師・スクールカウンセラーにおすすめの一冊。

価格は10%税込です。

決定版 子どもと若者の認知行動療法
ハンドブック

[著]=ポール・スタラード [監訳]=下山晴彦 [訳]=松丸未来

●B5判 ●並製 ●256頁 ●定価 **3,520** 円
● ISBN978-4-7724-1896-6 C3011

ひとりひとりの個性や状況に寄り添い，
課題を共感・理解して問題解決法を組み立てる。
子どもと若者の認知行動療法に求められる基礎知識とスキルを，
今すぐ現場で使える資料とともにわかりやすく解説。

子どものための認知行動療法ワークブック
上手に考え，気分はスッキリ

[著]=ポール・スタラード [監訳]=松丸未来 下山晴彦

●B5判 ●並製 ●288頁 ●定価 **3,080** 円
● ISBN978-4-7724-1749-5 C3011

CBT の概要の丁寧な解説に始まり，
ワークシートを使って技法を身につける。
CBT の考え方を自分のものにして，
日々の生活を楽しく変えていくためのワークブック。

若者のための認知行動療法ワークブック
考え上手で，いい気分

[著]=ポール・スタラード [監訳]=松丸未来 下山晴彦

●B5判 ●並製 ●256頁 ●定価 **3,080** 円
● ISBN978-4-7724-1760-0 C3011

対象読者は中学生以上の思春期・青年期。
CBT の概要に始まりワークシートを使って技法を身につけられるよう，
理論的な解説も丁寧に記述されている。
子どもに関わる支援者にもおすすめできる一冊。

価格は 10%税込です。

臨床行動療法テキスト
子どものための新世代の行動療法

[著]=園田順一

●A5判 ●並製 ●174頁 ●定価 **3,300** 円
● ISBN978-4-7724-2029-7 C3011

機能分析の方法と行動療法の技法を紹介したうえで，
抜毛症・場面緘黙・強迫症など 15 の疾患や問題行動について，
豊富な事例とともに見立てと臨床アプローチの実際を示す。
専門職から保護者まで参考となるテキストブック。

子どものための ACT 実践ガイド

[著]=タマル・ブラック [監訳]=谷 晋二

●A5判 ●並製 ●280頁 ●定価 **3,850**円
● ISBN978-4-7724-2040-2 C3011

CBT の概要の丁寧な解説に始まり，
ワークシートを使って技法を身につける。
CBT の考え方を自分のものにして，
日々の生活を楽しく変えていくためのワークブック。

新装版 ことばと行動
言語の基礎から臨床まで

[編]=一般社団法人 日本行動分析学会

●A5判 ●並製 ●400頁 ●定価 **4,620** 円
● ISBN978-4-7724-1987-1 C3011

行動分析学という共通の枠組みのなかで，
理論・基礎・言語臨床応用までを論じ，
臨床の具体的な技法や実践例を紹介する。
行動分析学と言語の発達を知るための必携書・待望の復刊！

価格は 10%税込です。